十力
文化

U0072080

考試的科學

高效率學習的關鍵

學霸想的和你不一樣！

切記：考試不是做學問，
不要浪費時間用錯誤的方
式學習！

法學博士 **錢世傑** 一 著

序：一場改變法律學習方法的實驗

法律系 = 死氣沉沉

筆者畢業於輔仁大學法律系夜間部，也就是今日的進修部，現在的進修部學生都比較年輕，據說學生人數也少很多，或許是能讀日間部就不會選擇夜間部，所以現在的進修部學生在讀書能力方面比較弱，考上律師、司法官考試的同學數量很少。

因為筆者有在進修部成立一個清寒獎學金，又是輔仁大學法律院友會的理監事，平日與進修部的系辦溝通還不錯，於是提議系辦舉辦一場講座，讓筆者分享這十年研究「法律記憶法」、「法律體系學習法」的心得，以「民法總則」權利能力、行為能力為例子，看看能不能改善學弟妹學習法律的效果。

過去法律系學生學習法律，大多把70%的時間花在背誦，只有所剩不多的時間在進行法律邏輯思考、申論題的練習，光是背誦法條就一個頭兩個大，更別說哪有時間精力去找更多的法律研究論文，長久下來，一直在記憶的循環中反覆打轉而且沒什麼效果，考上的機率就小很多了。

你也遇到同樣的困境嗎？

筆者覺得記憶相關法律知識有助於法律體系的建立，但記憶這件事情應該頂多耗費20%的學習時間，其他時間用在找資料、練習申論題，多出來的時間還可以培養自己的興趣，多到郊外走動，不要法律系唸到最後，學也學不好，整天埋首書堆，整個法律系都是死氣沉沉的樣子，相較於其他科系的活潑動力，法律系在活力方面真的是弱了許多。

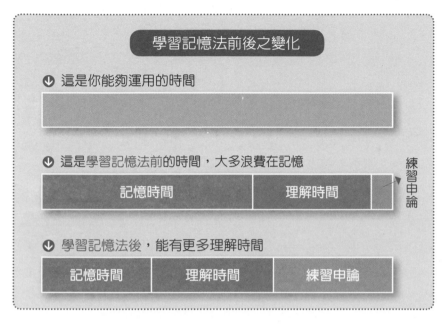

在一次受邀回母校的分享會上,筆者分享了下列內容:

❶ 「記憶宮殿」的頂尖記憶法:利用 10 分鐘內教會如何記憶圓周率小數點以下 20 位數字的訣竅、運作原理。

❷ 學會了將數字與文字「抽象具體化」的方法。

❸ 以「記憶宮殿」為基礎,分享「民法總則」權利能力、行為能力為範例的法律邏輯體系,以大腦思考運作方式為基礎所設計的「體系記憶法」。

　　現場學生都反應很好,還有好幾位同學早就是「法律記憶法」、圖解法律系列的讀者,現場互相溝通了一下學習法律會碰到的瓶頸,筆者也將自身研究的經驗傾囊相授,相信已經灑出一些改變法律學習策略的種子。

　　這一次回母系上課,是目前「唯一的一次」分享了筆者的想法,為什麼要強調「唯一的一次」呢?在筆者向學校推廣一些新的法律學習方法,對於習慣舊舒適圈的學校老師或學生來說,不太想要接

受新的學習方法，所以就容易在死胡同中打轉而轉不出來。在許多法律系分享的過程中，一直感受到這樣子的氛圍，所以筆者還是比較喜歡對一般非法律的考生分享，比較能夠接受新的學習方法，至於徹底改變法律系學習方法的這個目標，只好等筆者建立更多良好的口碑後，再重新踏上改造法律系學習方法的道路。

將記憶法導入法律學習當中

記憶法領域高手如雲，常常在電視節目上看到這些記憶大師展現倒背絕技、記憶「左十、右五」的開鎖密碼絕技，強大的記憶力讓人看得是羨慕不已；雖然有記憶法專家以法條倒著背為例，強調記憶法的神奇，可是對於理解記憶法的我來看，這種屬於炫技的教學，透過一些文字轉換的過程，雖然看起來能倒背，但其實背的不是有邏輯的法律知識，對於法律思維不但幫助不大，反而會有負面的效果。

目前並沒有太多法律人將記憶法運用在法律課程上，即便法律記憶可以透過改變法律人學習模式，進而達到強化學習效果，但傳統的死記硬背還是主要的招數；很矛盾的一件事情，不追求新的學習方法，但又怕學生死記硬背，所以考試時發放相關法條，但考過試的同學都很清楚，寫申論題的時間很有限，根本沒什麼時間在現場翻找法條，還是要依賴既有的記憶為主。

過去筆者個人從大學法律系一路唸到法學博士的經驗，法律人最大的痛苦就在於記憶，記得學了十年之後，連民法「代理」的規定都搞不太清楚，要怎麼將這些內容記憶在腦海而且有條不紊，目前在法律的教學體系中，並沒有一套完整的教學方法，純粹由學生自行體會。

對於這麼重要的記憶方法，老師的教學依舊停留在硬塞法律知識給學生，再加上只講自己擅長的範圍，很多沒有內容甚至於沒教

完，例如刑法總則可能有教前面 30 條就不錯，後面 70 條靠自己，導致許多法律系學生必須跑到補習班才能聽完比較完整的內容。

不要怪學生跑去補習班學習，法律系的老師們自己也要檢討，改善自己的教學方法，協助學生快速通過國家考試這個門檻，以避免耗費掉多少的青春；畢竟沒通過國家考試的法律系學生，出了社會可以找的工作很有限，所以學校法學教育要改進，讓學生能輕鬆理解、有效記憶與實案運用（或申論撰寫）法律知識，順利通過國家考試，不要把青春時光綁在一年復一年的考試上。

近期，許多法律系所為了提高學生考上國家考試的比例，在寒暑假開設了輔導班，但蠻諷刺的一點，這些輔導班聘請補習班教學的學長姐返校教導學弟妹，學校教授還是沒有針對自身教學方法改善，只能靠寒暑假將教學內容外包出去，依舊讓法律系學生學習得很痛苦，還是有很大的改進空間。

筆者於 2013 年出版了《圖解法律記憶法：國家考試的第一本書》，在讀者的支持下，迄今已經邁入了第三版，這一本《圖解考試的科學》與《圖解法律記憶法》一樣，都是為了降低法律領域課程學習痛苦，將記憶法導入法律學習，強化法律邏輯學習的效率，進而讓法律人不要在陷入無窮盡的考試循環中，正是本書的目標。

錢世傑

中華民國 112 年 7 月

CONTENTS

CONTENTS

CONTENTS

第 5 篇　面試篇

第 **1** 篇

基本理論篇

我的學習之旅：
從行為經濟學到潛意識訓練

● 雖然苦，熬過去就是你的

家家有本難唸經……

有些媽媽要照顧小孩，同時又要準備國家考試，還要想辦法兼差維生，如果家裡又突發性的有人生病住院，那更是雪上加霜；還有些人是中年失業，失業之前薪水也不高，養兒養老後所剩無幾，剩下的那一丁點錢就必須做為考試的支撐，眼見這一丁點錢已經沒剩多少，可是能不能考上，心裡卻還是沒有個底。

很多人跑來跟我訴說準備考試過程的辛苦，這一種苦我可以體會。我是從最底層出來的，清潔工、發海報、跑工地、擺地攤、餐廳端盤子，全部都幹過，因為年輕時真的很窮過；專科時為了一雙299元的皮鞋，在中華商場來回走了十幾趟，只為了尋找一雙更便宜的皮鞋，因為多花個10元，可能就是我能不能活下去的關鍵。

年輕的我沒有新衣服穿很正常，永遠是三手、四手，或者是不知道哪一個世代的舊衣服，看著很多人都有新衣服穿，心裡還真是有點羨慕，可是沒有新衣服的事實就是自己當時的人生；但只要換個角度想，這些衣服洗得乾乾淨淨，還不是可以保暖蔽體，即便是稍微寬裕的現在，我的襯衫、牛仔褲，很多人看已經有點破損了卻還不換，搞不清楚我在想什麼；說真格的，衣服可以穿就好，穿得太光鮮亮麗，讓一些辛苦的朋友看到，也是讓他們心中更是酸楚而已，就像是年輕的我看到別人在聯誼時穿著新外套，只能羨慕地看著。

當時為了生存，我什麼髒活都願意幹，我相信貧窮不會影響我的尊嚴，反而會賜給我力量，等我有能力的時候，一定要幫助跟我一樣在底層煎熬的朋友。

研究所的五份工作

因為有了貧窮的經歷，當考生同樣面對這些人生困境時，我都願意聆聽，也願意給點建議，再來談談我在研究所的階段是怎麼熬過來的。

當年我為了專心唸研究所，辭去了綁手綁腳的工作，但生活有些難言之隱，還是要有錢過生活，於是兼了五份不會影響讀書的工作；五份，對，你沒有看錯。多重壓力下，我不想用苦來形容，但忙碌卻是一個很適當的形容，即便那時的我就像隻在滾輪上奔跑的倉鼠一般，但凡有一丁點的空檔，我依舊還是透過網路的力量，將所學的法律知識幫助許多陷於訴訟困境的朋友，迄今已經二十幾年了，每年至少幫助 100 位以上的個案……

「彎得過拓海，彎不過填海」，當年不像現在有那麼多的參考資源，必須靠自己想辦法，大多數的學習都是土法煉鋼：當時為了學習，幾乎每一個片刻時間我都充分利用，各種奇怪的學習記憶方法也都用過，像是昨日回憶法、廁所法典、字首字根虛擬成像法、版型寫作法、一魚多吃法等等。很幸運地，我熬過來了。抱怨是一個過程，但是抱怨無法解決你的問題，身處於困境之中反而可以讓你大腦高速思考，更快地找到可以解決問題的道路。

沒有人喜歡貧困，但貧困卻是我們最好的良師，本書並不是讓你找到考上的保證，而是在許多學習技巧上挖掘出可以讓你突破潛力的關鍵，考上的力量必須靠你自己。很苦沒關係，熬過去就是你的時代了！

● 我有憂鬱症

橡皮筋緊繃久了，自然失去了彈性

我也相信很多考生都有憂鬱症。橡皮拉久了，彈性疲乏，就彈不回來了；憂鬱症這種東西，就像是神經的彈性疲乏。考生很容易面臨這種情況，長期備考，一年、兩年考上，影響並不大，但是超過三年還沒考上，大腦壓抑久了，整個精神狀況就很差，你有沒有以下的經歷：

◎ 申論題，怎麼寫都覺得寫不好，今年高分，明年可能又低分，無法穩定成長，總是差那 0.1 分。

◎ 法條，怎麼背都背不起來，一直背一直忘，只好繼續背，但還是沒有效果。

◎ 家人不諒解：父母、女友覺得自己不出去工作，一直準備國家考試，久了就成為廢柴，一直唸一直酸，心頭不斷承受著壓力。

不想跳樓的人為何會想要跳樓？

2022 年間，一位曾經的政壇名人黃義交跳樓往生，我的直覺應該也是憂鬱症，在和臉書朋友討論憂鬱症的人其實並不想跳樓，許多人聽了無法理解「不想跳樓的人為何會跳樓？」

這個邏輯聽起來怪怪的，但是也不是那麼怪。我當年罹患憂

鬱症時也不想跳樓，家住在十樓，光想像跳下去就很可怕，但精神狀況被壓抑後彈不回來，跳樓確實是一種解決問題的選項；後來我留職停薪休息一年後，法律博士班也終於在煎熬中完成，少了許多壓力，彈性也逐漸恢復。

即便熬了過來，心裡還是有個疑惑，為何我會變成這樣？

歷經十幾年的時間研究大腦，才有了現在的法律記憶法的成果，雖然對於已經不再考試的我幫助不大，但還是希望能夠解決考生記憶的壓力，只要有時間就開一些免費課程，長期陪著考生前行。為了避免大腦的彈性疲乏，我希望大家能設定三年（儘量不要超過五年）來專心於國家考試。上榜了只代表公職人生的開始，考不上也沒關係，只要努力，轉個彎也是一片天。

千萬不要被考試綁住一生，人生有太多值得追求的事物，與還在考場掙扎的你一起共勉！

● 追求大腦運作知識的順序：從行為經濟學起步

有了上述學習的過程，甚至於大腦有了憂鬱症的經歷，讓我對於學習方法很有興趣，到處探訪好的讀書方法，希望能解決我當年找不到學習方法而痛苦的遺憾，同時也能將此成果做為對考生有幫助的策略。藉由此書回顧這一段自我探索並逐步找到有效率學習方法的過程，大致上可以分成下列三個階段。

①行為經濟學：現象
⇩
②生物演化學：原因
⇩
③潛意識訓練：控制

上述三個步驟，是我個人在研究大腦運作的知識追求順序；大多數人並沒有研究大腦的運作，比較難以體會這一段流程的意思，不過慢慢看完本書，再來回頭看這三個階段，應該會瞭解各個階段的意義。

這要先提到我博士班主修「法律經濟學」，當時我還是門外漢，博士班有三年的時間瞭解經濟學在談論什麼，看的書籍大多是傳統經濟學，強調人是「理性」、「自利」，並以此為基礎生出了博士論文。當時也不覺得傳統經濟學有什麼怪異之處，畢竟能把經濟學搞懂就已經萬幸了，也覺得人是「理性」、「自利」的假設聽起來是那麼的理所當然，並沒有什麼問題。

之後為了撰寫《圖解法律記憶法》一書，看了不少關於大腦如何運作的書籍與文獻，逐漸接觸到大腦其實可能是「不理性」的，同時也會「他利」，像是陳樹菊女士——一位居住在臺東傳統市場的菜販，也是一位人們心中的慈善家，多年來持續捐助社會，經媒體披露後始廣為人知，2010 年《富比士》雜誌將她選入其亞洲慈善英雄人物榜！

陳樹菊女士把自己的身家幾乎全都捐了出來，遠遠超過宗教團體要求的十一奉獻（收入的十分之一），實在是讓人難以理解為何不先讓自己生活溫飽了，留一些退休資金，剩餘的資金再捐出來呢？捐了這麼多，假設生病了怎麼辦？退休後需要支付長照費用，還有錢嗎？在大多數人的眼中，陳樹菊女士就是「不理性」、「他利」的代表。

這幾年行為經濟學開始興起，最讓大家耳熟能詳者當屬康納曼所著的《快思慢想》，他也獲得了諾貝爾經濟學獎，該書探討

系統一（潛意識）、系統二（顯意識）的運作，介紹了許多人們經常會有特殊的不理性行為。在行為經濟學的基礎下，我逐漸跨出了傳統經濟學的思維，慢慢認識了人類行為「不理性」、「他利」的層面。

● 生物演化學，尋找不理性行為的原因

慢慢地，我看了很多行為經濟學的書，也知道很多有趣的人類行為現象，舉幾個大家耳熟能詳的例子（如下）：

◎ 投資股票容易追高殺低。

◎ 明明吃不多，即使吃到想吐，還是選擇吃到飽。

◎ 朋友願意為你兩肋插刀，一毛錢都不收，但如果你和朋友談幫助的代價，朋友就會計較金錢代價的多寡。

行為經濟學告訴你人類為什麼會出現這些行為，但看完之後就會產生一個疑問：是什麼原因導致人類有這樣子的行為？有了疑惑，喜歡探秘的人類大腦自然就帶領著我去探究答案，於是我開始翻閱一些演化的書籍文獻，也發現大腦在演化過程中並不是那麼完美。

如果腦袋像是超級電腦一樣大，固然可以運算更多更複雜的資料，可是在充滿野獸的蠻荒世界中，可能會死於獅子猛獸的追逐，為了讓身體更具備靈活性，不得不放棄許多功能，導致現在人的大腦這麼小一顆，運作上自然有其極限，在這麼一顆小小的腦袋中，只好放棄了一些功能（見次頁）。

◎ 放棄了完美的記憶力，只會抓重點：自動填補空缺、短期記憶不留存。

◎ 放棄完美的運算力，鼓勵外包：看到穿西裝、醫生服的人，大腦就停止運作選擇信任專業外觀的第三人。

如此一來，這一顆小小的大腦不會成為身體過重的負擔，不會過於龐大而無法逃離野獸追逐，而慘死於荒野中，又能夠利用自動填補、拋棄無意義內容、善用外包力量，還是能在龐大資料的世界中順利計算，而不會力有未逮的感覺。（如右圖）

● 潛意識訓練：控制

當你發現很多大腦的現象與演化的原因，慢慢地認識康納曼所著《快思慢想》中所提到系統一（潛意識）、系統二（顯意識）的運作，以及潛意識與顯意識兩者間的運作關係，就會想要進入到控制執行的階段。

我常常把大腦與電腦相比擬，潛意識並沒有那麼神奇，就如同電腦「背景處理程序」，雖然看不到，但實際上為了電腦的運行，必須要不斷地運作；正如同大腦沒有下達腸胃蠕動的指令，腸胃還是會自行運行一樣。

當理解潛意識的功能後，就可以開始學習如何訓練自己的潛意識，譬如利用制約反應讓自己不需要聆聽漫長的放鬆指令，只需要一個設定好的動作就可以進入極度專心的狀態；或者是設計一些影響群眾的政策，像是「尿尿蒼蠅」，讓男性上廁所時可以往前多跨一步。

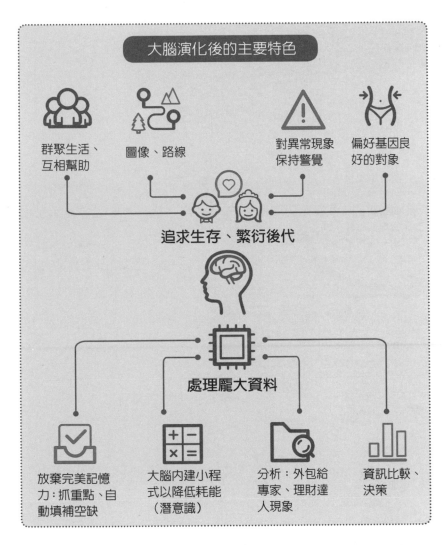

　　在研究大腦的歷史上已經有許多可以參考的實務操作技巧，讓原本霧裡看花的潛意識不再是那麼複雜，像是一個響指就可以讓自己進入極度專心的狀態，詳細操作方式我們在後續章節中再討論。

在此，先簡單說明其原理，我們可以想像成在大腦寫入一個快捷鍵，然後點擊快捷鍵，立刻就跳入小程式執行程式後的顯示成果階段。只是寫入與點擊快捷鍵，還要一定反覆訓練進行磨合，才可以跳到執行成果的階段。

接著，我們必須多次重複執行一定的流程，才可以讓小程式深植於潛意識之中，小程式被潛意識接受後，也可以設定週期性的循環運作；譬如說我剛開始在書桌專心研究，先經過呼吸與指令放鬆，然後把腰桿伸直，開始進入長時間的心智空靈狀態，經過重複執行「呼吸與指令放鬆」、「腰桿伸直」，慢慢地就能順利進入心智空靈的專注狀態，以後不需要再執行繁瑣的「呼吸與指令放鬆」階段，只要把「腰桿伸直」，就能夠直接進入專注的狀態，此一階段後續我們還會再細部說明。（如右圖）

「呼吸與指令放鬆」＋「腰桿伸直」＝心智空靈狀態

「腰桿伸直」－－－－－－－－－－→ ＝心智空靈狀態

大腦運作的方式與我們想像的並不一樣。準備考試的過程中，我們操弄著複雜的大腦，吸收龐大的考試資訊，並在考場輸出，希望能獲得好的成績。如果操作得宜，自然會有好的結果，我過去研究大腦，並在國考相關科目的運用中有許多年的經驗，希望這些經驗都能夠分享給更多人，讓大家事半功倍，苦海無邊、早日上岸。

潛意識訓練：控制

→ 原本的模式：

複雜目錄中找　→　點選小程式　→　執行程式　→　放鬆過程　→　進入專注模式
尋小程式

- -

→ 修正後模式：

建立快捷鍵　→　執行　- - - - - - - - - →　進入專注模式

重點摘要

1. 橡皮拉久了，彈性疲乏，就彈不回來了，別讓不好的學習方法傷害了你。
2. 人類大腦的運作很特殊，理解大腦之後就可以控制大腦，例如利用潛意識來達到快速專注的目的。

利用大腦導航區來記憶

● 記憶大師沒有比較聰明

科技欄作家 Joshua Foer 在 TED 分享一場有關「記憶宮殿」的演講:「每個人都能表演的記憶壯舉」[1],提到了倫敦大學的一項研究「記憶的路徑:卓越記憶力背後的大腦」(Routes to Remembering: The Brains Behind Superior Memory)[2]——記憶冠軍利用大腦的哪一個區塊在記憶數字?研究結果發現他們使用的區塊與一般人不同,利用的是空間記憶、導航的區塊來記憶。

這些歷年來的世界記憶大賽冠軍得主,大腦結構和我們並沒有不同,在記憶數字、面容、圖像時也沒有比較聰明,與我們的差別只在於他們使用不同的大腦區塊進行記憶。

這些年我在九所大學任教過,所接觸過的學生從私立科大到國立中央大學都有,在一般人眼中,肯定會認為他們實力懸殊,但經過我實驗下來,在教會他們利用記憶方法並經過練習後,其實最後的記憶成果並沒有太顯著的區別。

這個結果告訴我們什麼?也許只是很多同學從小沒機會接觸到較好的學習方法。土法煉鋼並沒有錯,但試著思考看看,如果今天在不考慮其他因素,讓你自由選擇從台北到高雄的方法,你會選擇搭客運還是高鐵呢?這兩種方式最終的結果相同,都是順利抵達高雄,但路途所花費的時間與精神卻是大不相同。

同理,如果換個方式去學習與記憶,是否平凡的我們也很有可能與記憶大賽冠軍有著一樣優異的表現?千萬不要妄自菲薄,其實你的大腦並沒有比別人笨,只是暫時還沒有抓到要領,只要學會好的方法與技巧,自然也可以有很好的表現。

1 每個人都能表演的記憶壯舉,https://youtu.be/-7TvVCcvzVE

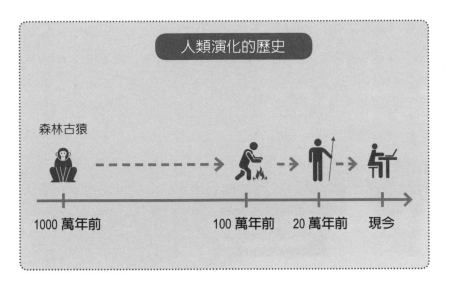

人類演化的歷史

森林古猿

1000 萬年前　　　　　100 萬年前　20 萬年前　現今

● 大腦擅長圖像、路線

先從人類演化過程談起

　　如果要記一組電話號碼，你會怎麼做？在過去手機還不普及的年代，如果手中沒有紙筆，就必須靠著不斷默唸才能夠把電話號碼記起來；網路買高鐵票時，也會給你一組訂位代號，接著到高鐵站的取票機輸入這一串訂位代號才可以領取車票，而這一串八位數字的訂位代號很難記起來，要拿起手機查看簡訊才能完成輸入。

　　為什麼大腦就不能在默唸一次之後，把電話號碼、訂位代號輕鬆地記起來呢？這要先從演化談起。人類演化了千萬年之久，在這麼長久的時間中，人類大多數是活在蠻荒時代，蠻荒主要是靠狩獵，時常要跑到很遠的地方去找獵物，必須經過濃密的森林、沼澤，甚至於廣大的沙漠。

因此為了能存活下來，大腦在演化過程中變成擅長兩件事情：「圖像」與「路線」，譬如說這一棵樹特別高大或特別尖，就會以此為回家的指引、路標；關鍵是走哪一條路回去，如果找不到回去的路，或者是走錯路而迷路，必須露宿荒野之中，就有可能被暗夜來襲的猛獸吞食，也會提高被其他猛獸獵殺的風險，因此只有記得回家路線、記得回家路標的人可以存活下來，並將這一個路線與路標記憶能力的基因傳承下來。（如下圖）

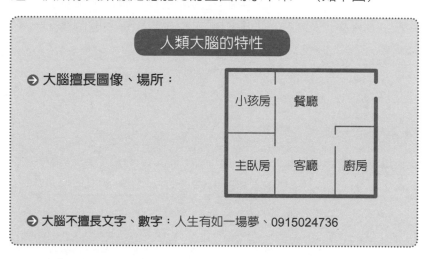

圖像超強辨識力的研究

在此一演化背景下，人類自然對於圖像的記憶能力特別強，只要是看過的圖案，雖然感覺記不起來看過什麼圖案，但只要再看到一次，幾乎就能辨識出來。羅徹斯特大學研究人員對此進行過一場實驗，受測者注視 2,500 多張圖片，每張看 5~10 秒鐘，三天後依然還記得 90% 以上的圖片，即使把停留時間減少到 1 秒，記憶的效果還是很好；人類在看過大量的圖片之後，即使說不上剛剛看了什麼，如果再次把看過的圖片拿來進行辨識，還是

3 Perception and memory for pictures: Single-trial learning of 2500 visual stimuli，
https://link.springer.com/article/10.3758/BF03337426。

可以分辨出之前看了哪些照片，人類對於圖片有極強的辨識力，此為「圖優效應」（Picture Superiority Effects）[3]。

　　密西根大學研究人員針對如何讓文宣的內容更有影響力，指出當書面健康文案與圖片一起呈現時，它們會吸引更多注意力，有助於理解、回憶，與做出決定。依據「雙碼理論」（Dual Coding Theory），經由雙重管道（語文與視覺圖像）學習的效果比單一管道的學習效果好。此外，若是有具體非抽象性文字，即便少了圖形，具體文字亦能刺激大腦模擬出更多的圖像，一樣比抽象文字還更可以被理解[4]，也就是說形容女孩子長得像林志玲一樣美麗，比直接稱讚對方美麗更能讓對方感受你的讚美。

　　上述研究中，針對如何推廣健康食品，提出驚訝（surprise）、疑問（question）、視覺化（visualization）和情感訴求（emotional appeal）四個策略，對於試圖告知消費者沉迷於過多糖果零食可能造成的健康風險時，「用水果代替零食」等平庸的說法可能無法成功吸引對方。如下圖，該研究中有一幅圖片展示標題「你想喝這杯油嗎？」（Would you drink this oil?）

具體文字的視覺化

Would you drink this oil?

A bag of sweet snacks (100 g) generally contains about 30 ml of fat.
Eating this bag of snacks is like drinking this much oil.

Snacks contain unhealthy amounts of fat, sugar, and sodium,
and will clog your blood vessels with sludge like a plugged drainpipe,
and shorten your life.
For a healthier choice, replace snacks with fruits.

50 ml
40
30
20
10

＊圖片引自註解 4 之論文

🔴 研究論文內容：你想喝這杯油嗎？

4 How to Attract Interest in Health Materials: Lessons from Psychological Studies，https://www.scirp.org/（S（351jmbntvnsjt1aadkposzje））/journal/paperinformation.aspx?paperid=83977。

並使用了一段描述性的文字：一袋甜食（100 克）通常含有大約 30 毫升的脂肪。

圖片中的量杯讓 30ml 的脂肪具體化，後面又提到排水管堵塞的比喻：「零食含有不健康的脂肪、糖和鈉，並且會像堵塞排水管的污泥一樣堵塞你的血管，並減短你的壽命」，讓閱讀者的大腦中模擬出具體化動脈阻塞與硬化的樣子。

不只是教你方法，知道原理更重要

我上課的內容較適合現場來聽，難以用文字、圖片或影像來顯示，像近期推廣的體系學習法，源自於記憶法的核心「記憶宮殿」（Mind Palace），外面光這一堂課程的費用高達 9 千元到 3 萬元不等之售價；來上我的課不僅不需要費用，我還會循序漸進地教學。

首先，學員要先從「生物演化學」的角度，輔以國際學術論文的說明，來理解「記憶宮殿」的記憶原理，以及記憶的效果為什麼那麼強大；換言之，我會先講授大腦演化發展所導致的大腦運作原理。

畢竟文字與數字是人類最近幾千年來才出現的溝通方式，演化還不夠完備到可以有效處理文字與數字，我們的大腦實際上還是「圖像腦」、「蠻荒路線腦」，大腦還沒有找到一個有效率記憶文字與數字的方法。因此，我們要記憶不擅長的文字與數字時，可以靠「圖像」大腦，以及擅長「導航與空間」的「蠻荒路線腦」；換言之，我們可以利用空間記憶、導航的區塊來輔助記憶文字與數字[5]。

5 Routes to Remembering: The Brains Behind Superior Memory，https://www.readcube.com/articles/10.1038/nn988。

　　初步瞭解演化的發展之後，我會問搭捷運來上課的同學一件事情，請問你經過哪幾站？

> ◎ 一般同學大多能說出來：
> 　　江子翠→龍山寺→西門→台北車站→善導寺
>
> ◎ 接著再問，你是否記得反向經過的捷運站？當然可以。善導寺→台北車站→西門→龍山寺→江子翠

　　這就是「路線」的力量，往前記憶、往後記憶都可以，這也就是倒背如流的原理，就這麼簡單。

　　有關於路線的部分，我們在「記憶宮殿」的章節再來介紹，接著我們以電話號碼為例子，解釋「抽象具體化」的概念。

● 抽象具體化：先從我的電話號碼開始

　　電話號碼有 10 個數字，扣除掉開頭的 09 不必花時間記憶，還有 8 個數字，對於一般人來說，看過一次很快就忘記了，如果手中沒有紙筆或用手機記錄下來，就必須靠著不斷「默唸」才能夠把電話號碼記起來。當停止默唸時，數字對於大腦是無法具體化的抽象內容，幾秒鐘之後就會從大腦記憶體中消失。

　　因為數字是屬於抽象性的概念，很難在大腦中成形，例如我的電話號碼 0915-024736，這時就必須先將電話號碼成為「具體內容」，才能留在大腦的記憶中。

　　我們可以透過設計，比較常用的方式是利用「數字圖像卡」將數字轉換成圖案，但一般電話號碼都是挑選過的，所以除了

「15」使用數字圖像卡轉換成「鸚鵡」外，我將自己當初挑選電話號碼的原因轉變成「具體文字內容」（如右圖）。

經過一、兩次的反覆練習，把一串沒有意義的抽象數字變成有意義的圖像與具體文字，就較容易地記起來；只是這樣子的記憶方法屬於很單純的「抽象具體化」，如果需要進一步記憶更長的數字，就比較難設計，而且前後順序會混在一起。因此，如果還要求必須照順序記憶，則需要搭配其他記憶方法，像是後面要介紹的「記憶宮殿」。

接下來，讓我以圓周率小數點後 20 位數字的記憶方法為例子，分享如何在「抽象具體化」的基礎，搭配「記憶宮殿」的記憶方法來完成大量且有順序的記憶。

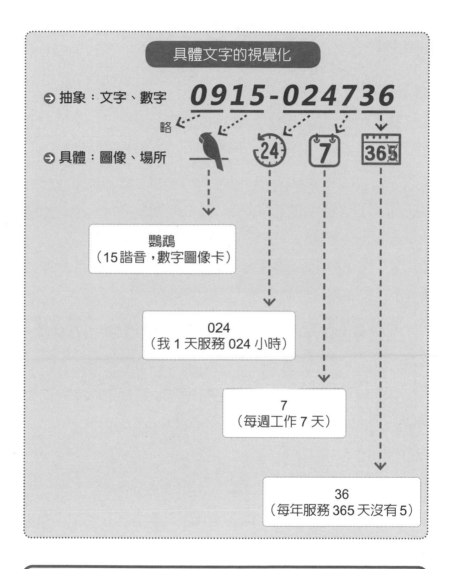

具體文字的視覺化

➡ 抽象：文字、數字　　**0915-024736**

略

➡ 具體：圖像、場所

鸚鵡
（15諧音，數字圖像卡）

024
（我1天服務024小時）

7
（每週工作7天）

36
（每年服務365天沒有5）

重點摘要

1. 記憶大師利用的是空間記憶、導航的區塊來記憶。
2. 人類演化的發展使得大腦擅長圖像、路線，可利用圖像與路線協助大腦記憶抽象的文字與數字。

03

記憶宮殿：圓周率小數點後20位數字

● 數字圖像卡：化抽象為具體

挑戰把圓周率小數點後 20 位數字背起來吧！

3.14159265358979323846

3.1415 應該大家都會了，所以不必背，後面還有 16 個數字，分成 8 組，分別是 92、65、35、89、79、32、38、46，這要設計一下才能背起來。

圓周率記憶法之拆解

3.1415 *9265* *3589* *7932* *3846*

接下來，就是如何透過「數字圖像卡」把抽象的數字變成具體的物品。

抽象數字 → 數字圖像卡 → 具體物品

之所以有數字圖像卡，主要是臨時設計圖案太耗費時間，如果大腦有一個現成的「對照表」，就可以省去設計圖案的時間，就能夠加快記憶的速度，如果想要現成的數字圖像卡，可以加入右方QRcode「法律記憶法」社團搜尋「數字圖像卡」就可以下載，以後看到數字就依據數字圖像卡轉換成圖案來練習。

將數字轉化為圖案

92	92 共識 （兩位老人討論事情）		**79**	氣球
65	尿壺		**32**	嫦娥
35	珊瑚		**38**	跳舞很三八的雞
89	芭蕉		**46**	飼料

只是數字圖像卡必須另外花時間設計，現在記憶短短的 8 組數字還不需要把整個數字圖像卡背起來，直接依據下列示範轉換成圖像（主要是諧音圖像）即可，如上圖。

● 記憶宮殿：造夢者帶領你學會放置物品

學會了利用「數字圖像卡」化抽象為具體的轉換方法，接著就要加上第二個方法：路線、位置，也就是記憶宮殿的精髓，可以照順序記憶。

接著我們要使出大絕招，也就是把這些圖像物體放在特定的空間、路線、位置中，這一個特定的空間、路線、位置有一個很好聽的名字：「記憶宮殿」。知名的福爾摩斯影集中，為了彰顯其神奇的大腦記憶，只要回憶場景，場景中的物品均能逐一在腦中浮現，再搭配上記憶宮殿就變得容易記住，這是因為人類對於空間、導航方面，天生下來就有超強的感知力。

數字	轉換圖案	圖案放在特定位置
92	九二共識，兩位老人在桌子前面討論	我們現在進入到隔壁社區大樓的 10 樓，32 坪三房兩廳的家……（大腦開始建立起三房兩廳的結構） 餐廳裡有一個大桌子，兩位老人正在握手，洽談九二共識……（大腦開始建立起餐桌上有兩個老人的畫面，並與 92 相連結）
65	尿壺	接著走過餐桌，旁邊就是客廳，坐在客廳的沙發上，把腳翹在前面的茶几上，茶几上有一個裝滿尿的尿壺，裡面的水正滴在你的腳上……（大腦開始建立腳翹在茶几上的畫面，尿壺的尿正滴到自己的腳上，並與 65 相連結）
35	珊瑚	繼續往前面看，是一台大螢幕的電視機，電視機上面有紫色、紅色很大的珊瑚……（大腦開始建立起珊瑚的影像，並與 35 相連結）
89	芭蕉	如果往右邊看，可以看到我家大門，大門上居然插著一根軟軟的芭蕉……（大腦開始建立起一根軟軟的芭蕉到底是如何插在大門上，並與 89 相連結）
79	氣球	接著走出大門把門關上，按下電梯往下鍵，準備到地下二樓停車場，電梯來了，一開門，滿滿的氣球……（大腦開始建立畫面，並與 79 相連結）
32	嫦娥	按下 B2 的按鈕，電梯往下，門一開看到籠子裡面關了一個想飛上天的嫦娥……（大腦開始建立起一位古裝美女想要逃出牢籠奔向月球的畫面，並與 32 相連結）
38	跳舞很三八的雞	接著拉開地下室的鐵門，一出去就是停車場，迎面而來是一隻可愛的雞在三八地跳舞……（大腦開始建立起一隻正在跳舞的雞，並與 38 相連結）
46	飼料	最後，繞過這隻三八的雞，後面就是 RAV4 的車子，抬頭往車頂一看，是一罐比車子還大的貓飼料……（大腦開始建立起坐在車上，看到滿滿的一包包飼料圖像，並與 46 相連結）

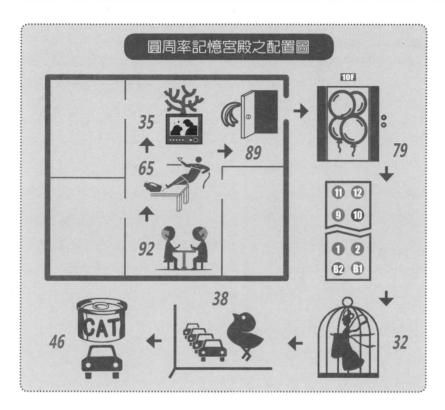

最後的步驟很重要，我通常自詡「造夢者」，帶領學員閉著眼睛進入到一個新的大腦虛擬空間中。不過，初次學習的學員通常不太習慣，我會帶大家進入到一個簡單且容易理解的空間「我的家」，並請帶著大家走一條路線：餐桌→客廳（茶几→電視機）→大門→電梯→地下室→停車場→車子。（如上圖）

對於初學者，我會先把這一張空間位置圖給大家看，讓大家先有一些心理準備，以免有些人大腦比較不會幻想，想不出來那個情境。當這些步驟都準備好了之後，就開始請大家閉起眼睛、深呼吸，結合左頁的說明以及上圖的場所與路線想像……

最後，我會打一個響指，請學員把眼睛張開……

● 第一次總是缺乏信心

在這之後我會刻意轉移話題，講解一些其他記憶法或者是與剛剛圓周率記憶無關的內容，大概講解個 10 分鐘左右，然後回頭問大家是否還記得圓周率？這時候很多學員會搖頭、眼神空洞、沒有自信，因為過去的經驗告訴他們經過了這麼久的時間，根本不可能記起來。

這時候可以找一位學員問：「電視機上面是什麼？」

一開始可以看到學員猶豫的眼神，接著學員的大腦會回到剛剛介紹的虛擬空間，想起電視機上面的「珊瑚」，然後一臉興奮地回答說：「珊瑚」。

接著再問：「那珊瑚（35）的後面是什麼？」

然後大腦就會從剛剛建立起來的空間移動，想像自己走到大門，看到大門上的芭蕉，就突然靈光一閃地回答：「芭蕉（89）」。

有時候有些學員會反應比較慢，通常旁邊的學員會協助回答，接著整場的氣氛就很熱絡，因為大家居然可以依照順序想起每一組數字。趁熱打鐵，可以依序問大家下一個圖案（或數字）是什麼，這時候很多人就會順著回答：「氣球（79）」、「嫦娥（32）」、「跳舞雞（38）」、「飼料（46）」。

然後再找一位學員問：「35 的前面是什麼？」

大多數就能很順地回答：「尿壺（65）」。

再前面呢？

「兩位老人握手、九二共識（92）」。

最後，再帶大家順著背一次、反著也背一次，然後很有信心也覺得很神奇地發現自己也能背起來，而反著背就是常聽到的「倒著背」，其實倒著背就是空間順序反過來思考的方法而已。

回去的時候會要求學員睡覺前複習一次，如果隔天早上醒來還能記起來，那這個方法就學會也代表有效了。一般來說，很多學員會回去與家人分享，結果大家都記起來了，都覺得這個「記憶宮殿」古老記憶法還真是神奇啊！

或許讀者會問為何不用一些口訣、關聯法來記憶，這些方法確實也能記得數量不多的數字，但如果變成大量的數字且有順序的要求，口訣、關聯法等一般人常用的記憶法還是不敷需求，記完之後還是要反覆練習才有用；如同圓周率一樣，數字變多了還是會記不起來，更遑論從頭到尾要「照順序」背起來，或者是倒過來記憶。

● 存入與提取記憶的過程

前面提到了我的電話號碼 0915-024736，除了 09 不必設計外，15（鸚鵡）、024（24 小時）、7（一週 7 天）、365（一年 365 天沒有 5），屬於單純「抽象具體化」的記憶方法，方法包括「數字圖像卡」、「創意設計法」。

其次，圓周率 3.14159265358979323846，則是將後 16 位數分成 8 組數字，92（兩人握手、九二共識）、65（尿壺）、35（珊瑚）、89（芭蕉）、79（氣球）、32（嫦娥）、38（跳舞雞）、46（飼料），主要是透過「數字圖像卡」將抽象的數字轉換為具體，也是屬於「抽象具體化」的記憶方法。

圓周率的記憶方法除了「抽象具體化」外，還加上了「記憶宮殿」的記憶方法，就是把這些具體物件照順序放在一定的場所或路線中，這屬於「存入記憶」階段，如右圖。

　　至於「提取記憶」，則是反向操作，藉由大腦思緒導航至特定場所，提取具體物件轉換為原始抽象數字。

　　如果你也能從本書進入到剛剛的空間中，順利把數字轉換成物體，並放置其中，並能順利提取出來，恭喜你！已經學會了記憶法最核心的「記憶宮殿」。

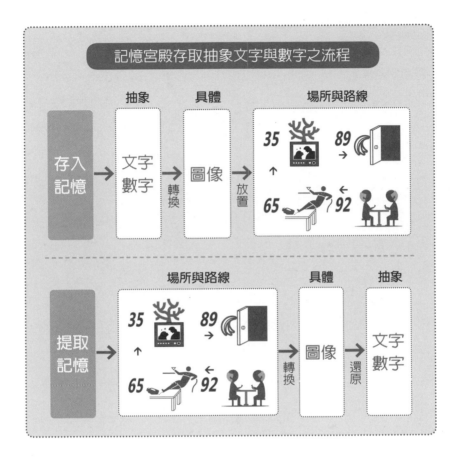

重點摘要

1. 利用數字圖像卡可以快速將抽象數字轉換為具體圖案。
2. 記憶宮殿存入記憶的過程是將具體圖案放在一定順序的空間或路線上，
   提取記憶的過程，則是從特定空間或路線提取具體物件，並進而轉換原
   始抽象數字。

04

快思與慢想

● 山中遇老虎，哪有時間 SWOT 分析？

如果你走在雜草叢生的森林裡，想要尋找一株千年人蔘讓父母延年益壽，忽然之間，左前方的樹林倏地跳出一隻老虎，張口就要跳到你身上，把你生吞活剝吃入肚子裡面，情況萬分緊急！這時候你該怎麼辦？

這幾年來企業流行 SWOT 分析，一一列出企業具有的 S（優勢）、W（劣勢）、O（機會）、T（威脅）四大方向內容，讓業者瞭解自身狀況，以尋求最佳策略。（如右圖）

可是這一套 SWOT 分析在蠻荒時代就不管用了，當下的情況是老虎的爪子已經伸到面前，沒時間給你慢慢分析，必須要靠著平日訓練與直覺反應來面對這個生死存亡的狀況；換言之，這樣的狀況適合「快思」（潛意識、系統一）而不適合「慢想」（顯意識、系統二），遇到危險、立刻逃走。

人類在數萬年的演化過程中，大多數時間都身處於蠻荒時代，在毒蛇猛獸充斥的荒野中，快思是最能保命的法則，不多想、憑直覺，有狀況時轉身就跑，跟著群眾遷徙移動，活命的機會就大得多。

物競天擇、適者生存，久而久之，這些演化的天性就存在我們的基因中，一代一代地傳承下來，如同一台車開出來一定有方向盤，手搖窗也變成了電動窗，這些直覺反應已經是人類的基本配備了。

● 熟悉的事物會有親切感

很多朋友買股票會買台泥、鴻海、中鋼、國泰金等上市櫃很多年的老股票，即便這些股票已經發展到了瓶頸，還是堅持相守、一生不變，這是因為人的大腦對於熟悉的事物會有親切感，像是「熟悉的家鄉味道」、「五六年級生難忘的民歌演唱」、「王心凌引爆七年級生回憶殺風潮」都是一樣的道理，熟悉就有親切感。

現代商業廣告也是順著這個人性的特質，不斷地重複洗腦消費者，讓消費者對於某種商品產生「印象深刻」、「經常看到」的感覺，自然而然對於該商品的排斥感就會降低，像是7-11的咖啡廣告會出現開門的「叮咚聲」，影片也會強調這個聲音，對於常進出便利商店的消費者一聽到「叮咚聲」就不自覺地出現熟悉的情感，對咖啡產品也會產生熟悉、親切感，也容易購買7-11的咖啡。

為什麼會有這種人性特質呢？

一樣從演化過程來推想就不難理解，對於生命體來說，如何「活下去」與如何「繁衍後代」是最重要的兩大課題，因此大腦做一個決策時，首重安全、保命，如果過去曾經接觸過，又沒有出過事情，甚至於還有美好的感覺，過去熟悉的事物在決策順序會較為優先。

● 大腦的陷阱：大腦成癮的解決之道

我很少講當沖這件事情，因為當沖與賭博行為很像，所以很容易變成潛意識主導，而非顯意識主導。

潛意識並不是說不好，但是用在投資方面，就容易變成一頭野獸在投資。怎麼說呢？因為人的潛意識是一種很原始的狀態，可以應付緊急狀態，正如同電影「捍衛戰士：獨行俠」的一段話：「相信你的直覺，別猶豫，放手去做（Trust your instincts. Dont think. Just do.）」，但是並不適合投資這件事情。

我曾經是一位無可救藥的賭徒，我並不忌諱說自己以前是個賭徒這麼丟臉的一件事情，說出來或許會讓自己成為一個笑話，但是成為笑話沒有關係，只是希望藉此說明，勸戒大家千萬不要賭。

以我多年的賭徒經驗，想要戒掉當沖，一定要知道大腦的運作原理。簡單來說，大腦如果覺得可以賺很多錢、吃很飽、有很刺激的事情或食物，就會自動寫了一段小程式，讓大腦以釋放化學物質的方式，例如多巴胺（dopamine），鼓勵你反覆實施一定的行為，而讓自己有了成癮的症狀。所以吃到飽可以一筆金錢

無限吃，大腦就會喜歡吃到飽，當你嘗試過吃到飽的餐廳後，大腦就會不斷地釋放多巴胺，鼓勵你去繼續吃到飽。

吸毒、賭博、當沖、盯盤、滑手機，分別是不同程度的成癮性：吸毒對於大腦的刺激太大，基本上很難戒治，賭博也很難，很多人砍斷了手還是會去賭博，當沖接近於賭博的層級，接著依序是盯盤、滑手機。

不要說戒賭很難，光是戒治不斷滑手機這件事情就很難，你是不是和朋友吃飯，心思不在對方身上反而在手機上？對於很多人來說，是的，大多數人都逃避不了大腦化學物質多巴胺的催促……

> ◎ **快去點手機，看看有什麼開心的事情！**
> ◎ **快去看股票，是不是又多了幾千元！**
> ◎ **快去吃把費，吃吃吃、無止盡地吃！**

所以，現在很多人都宅宅在家，玩手機、追劇，也不願意出去走走，這種「宅宅文化」其實是一種「成癮文化」，對手機成癮，手機的吸引力遠大於和朋友見面，即使和朋友吃飯，主要的配菜還是看手機。

大腦對於當沖，或者是極短線交易（一分線、五分線什麼的），基本上與賭博很相似，都是一種很刺激的玩意兒；大腦很喜歡這種刺激，就會希望你多做這種事情，強度遠高於看手機，一上癮了就很難改變。

我成癮多次，戒癮成功多次，但我還是覺得自己運氣很好才能戒治，否則到現在還是一個沉淪的傢伙。有一些朋友問我要不

要開戒治班，這個我真的沒辦法，連我自己都覺得是運氣好才戒治，又如何教會別人脫離成癮呢？

所以當你不自覺地想要盯盤、不自覺地想要反覆操作，你必須理解到這些都是大腦在釋放化學物質，要求你快去做成癮行為，不做就一直釋放，直到你做了該行為才暫時停止，只有理解這一個過程，才有機會控制大腦並進而戒治。

大家也沒有研究過大腦，無法很客觀地假想成第三人來觀察自己，只能傻傻地被大腦驅動著原始的慾望，因此我還是不會針對如何當沖、極短線交易賺錢的操作方式進行說明，因為如果我無法教你如何戒治，最好就不要教大家怎麼進行這些刺激且容易成癮的短線交易，因為只會讓你進入到一種成癮、難以翻身的輪迴。如果你已經理解了大腦運作原理，恭喜你，你就可以置身於自己的形體之外，如第三人一樣看著自己的身體運作、控制大腦。

重點摘要
1. 多巴胺會鼓勵你反覆實施一定的行為，而讓自己有了成癮的症狀。
2. 理解大腦運作機制，才能控制大腦。

05

專注力：「一瞬間」進入專注情境的技巧

● 一瞬間空靈專注情境

你是否有以下這些經驗？想要專心唸書的時候，卻老是想要滑個兩下手機，或者是想要追劇半個小時，或者是被旁邊聊天的同學將你的思緒拉離開了書本？一頁的書看了半天居然還沒看完！

考生在面對無聊的書本時，要專注真的很困難，因為外面的誘惑很多，但是不專注，又很難在有限的時間把眾多科目學習到好，因此學習在複雜環境下快速專注就成為一件重要的課題。

但也不是每次都這麼不專心的情況，有時候會進入一個「空靈專注」的感覺，除了書本的內容外，外界一切的干擾都突然安靜下來，這個世界突然與自己隔絕，整個思緒只有眼前的這一本書；像是排隊的時候，隊伍一直不前進，然後自己就進入到一個白日夢的世界，直到後面的人拍拍你的身體，催促著你要前進。

我們常常會進入一個空靈專注的情境，只是可不可以讓自己不需要花費 20 分鐘來放鬆，一瞬間就進入到那一種「空靈」的專注情境呢？如果你可以做到這一點，就能讓學習效率快速提升十倍速，揚棄過去看了半天看不到半頁書的窘境。

● 制約反應：聽到鈴聲流口水的狗狗

還記得自己很年輕的時候，坐在教室裡面聆聽教育心理學的課程，聽到了一個「狗狗流口水」（制約反應）的經典實驗，此實驗是由獲得 1904 年諾貝爾獎得主的俄國生理學家巴布洛夫

6 Ivan Pavlov，https://youtu.be/iXxhZBf_OAw。

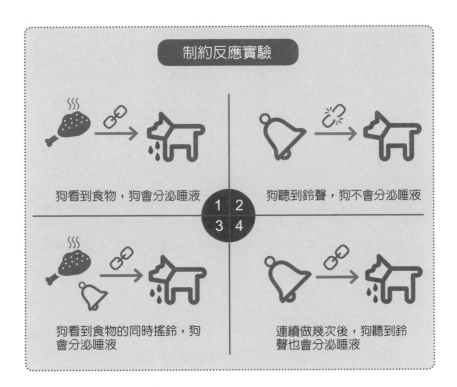

制約反應實驗

狗看到食物，狗會分泌唾液

狗聽到鈴聲，狗不會分泌唾液

1　2
3　4

狗看到食物的同時搖鈴，狗會分泌唾液

連續做幾次後，狗聽到鈴聲也會分泌唾液

（Ivan Pavlov）率領製作[6]，當時也沒有太注意這一個實驗，直到研究了大腦記憶，才知道這一個理論已經深入到各個領域中，如同記憶宮殿在記憶大賽中的核心地位一樣。

　　簡單來說，這一個試驗可以分成四個步驟（參照上圖）。

　　以上即所謂古典制約（classical conditioning）的概念，通過反覆人為干預，使得原本不存在關聯性的兩個事件之間建立起聯繫，如同搖鈴本來不會使得狗狗流口水，但是透過人為的影響，使得狗狗一聽到鈴聲就覺得食物快要來了，即使食物沒有出現，還是會流口水，讓本來沒有因果關係的鈴聲和流口水兩者產生了關聯[7]。

我們稱之為「制約反應」，這一個實驗日後產生了重大的影響，在商業上產生了翻天覆地的各種運用，像是知名的左岸咖啡，實際上並沒有左岸咖啡這一間咖啡廳，而是將建立一個虛擬名為「左岸咖啡廳」的法國浪漫想像，並將左岸咖啡的咖啡產品與法國浪漫的想像建立連結。

　　後續的問題在於如何讓浪漫情懷與左岸咖啡結合在一起，讓人們只要喝到左岸咖啡就覺得已經身處於法國咖啡廳，並且感受到浪漫的感覺呢？

　　很簡單，拍一系列左岸咖啡的浪漫小影片。大腦接收到影片訊息後，一樣會模擬產生前往法國咖啡廳品嚐左岸咖啡的感覺；多看幾段影片後，就像是小狗流口水的制約反應實驗一樣，即能建立左岸咖啡與浪漫感的關聯性。（如右圖）

　　當建立了連結之後，以後只要看到左岸咖啡，就產生了浪漫的感覺，不需要一次又一次地看影片，因為大腦已經寫了一段小程式，讓你一看到左岸咖啡，立即跳出浪漫感覺的效果。換言之，想要尋找浪漫的感覺，就買一杯左岸咖啡吧！

● **負面的制約反應**

　　電影「楚門的世界」，講述楚門自出生到 30 歲，一直生活在一個小島上，但這個小島事實上是一個巨大的攝影棚。男主角的生活 24 小時、360 度，搭配廣告，全時暴露在全球觀眾前，而他卻一無所知。

　　劇情的最終，他們在楚門一直恐懼的大海上找到了他。

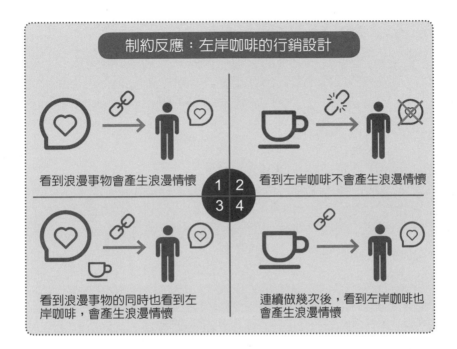

為什麼會一直恐懼大海呢？

　　因為整個團隊為了怕他逃走，就用人造海將他的生活範圍孤立起來，並且在其年幼的時候安排了一場父親帶其出遊結果不慎溺斃的場景，讓他想要離開居住地、追求新的人生時，就會想起這一段讓他害怕的過去；換言之，因為當年的一個「海難」與他心中「追求人生的渴望」綁在了一起，只要一有了渴望，就會喚醒起內心的恐懼。

　　有一個例子是出現在 1974 年 8 月的《心理治療》雜誌，描述一位小孩得了氣喘，經過分析後發現其小時候因為與父母拌嘴而挨揍，心理上的情緒與試圖控制啜泣產生了連結，待再次發生吵架時，即便沒有挨揍，情緒沒有被挑動起來，但因為身體記得這一個經驗，最後這位小朋友得到了氣喘[8]。

我們的潛意識如同電腦的「背景處理程序」，擁有許多的小程式，幫助我們因應各種固定或偶發性的工作，有些是正面的，但有些卻是負面的，譬如說前述楚門害怕大海、小孩子只要一吵架就會觸發氣喘，這些就是負面影響，我們必須要想辦法刪除這些負面制約反應的小程式。

● 告訴潛意識正向、明確的目標

你是怎樣的人並不重要，重要的是……你認為自己是怎樣的人。想要改變自己？很簡單，告訴自己的潛意識一些正向、明確的目標，潛意識自然會逐步實踐……

編號	自我形象	大腦想像情境
1	我是一個能設身處地替人著想的人，堅持理念、一路向前。	持續在各地直播 持續開課，大家都歡樂地學習著 持續關心別人
2	我是一位希望透過數據研究找出未來世界的問題，並對世人提出建言的人。	持續計算各種數據，並推算可能情境 勇於向執政者提出建議，不和稀泥
3	我可以把錢花在最有效益的地方，並且讓自己、法律推廣中心財務自由，並將財務自由的知識分享出去。	持續過著剛剛好再多一點的生活 當用則用、當省則省 協助法律推廣中心、親朋好友學習並實踐財務自由

⬆ 利用潛意識改變自我

大腦是一個很複雜的工具，你必須要有一定的步驟才能開啓它的正向功能。

看到這邊，你可以將這些內容列印出來，或者是寫成一張紙條，放在自己的床邊，當你進入到 α 波狀況時，再來思考這些

目標（小提醒：沒有進入 α 波狀況時，就不要思考），與這些目標的一些具體想像畫面，這會讓潛意識這一個精靈產生具體的目標，並且寫成小程式開始默默地執行。

● 強迫症的我

不知道大家有沒有看過電影「會計師（The Accountant）」，裡面有一個患有強迫症的會計師，一定要做完一件事情才能放下心，如果中途被打斷將會非常痛苦。

我很喜歡看這部電影，看了好幾遍，並不是因為劇情有多好看，而是看到男主角就好像是看到了我自己。

我，從小就強迫症纏身。

我走在路上，如果腳踩的地方不是我想要踩的地方，就必須要倒回去再走一次；或者是爬山碰到樹葉，那不是我預期會碰到的東西，可就慘了⋯⋯有時候就一直要倒回去重新再走一次，最後在原地來來回回、無法繼續前進，旁人都會覺得我很奇怪，不知在幹什麼，說真的我也沒辦法。

這一點一直讓我很困擾⋯⋯當然也不是沒有好處，這種大腦讓我對於目標的執行很固執，不能出錯，這也是大家往往覺得我很奇特的原因之一，是一個堅持不斷前進的優秀青年，其實⋯⋯這是強迫症發作。換言之，我會一直執行下去，直到完成目標，否則我就會很難過。

當然也可以說我是一個很容易給自己壓力的人，所以我不太敢訂太遠大的目標，像是小額捐款，目前每半年一次，捐款人次早就突破 350 人、50 萬，但是我設定的目標還是 200 人、25

萬；因為我很擔心要是達不到目標，那對我來說會是一件很痛苦的事情。謝謝大家的小額捐款，讓我可以一直堅持不斷前進，而不會有不舒服的情況發生。

考生也可以設立自己正向、明確的目標，但是考生要特別注意一點，就是這些心中的目標不要與其他人分享，因為家人不一定會支持你的想法，認為花時間考試還不如出去闖一闖，說你辦不到或者是沒辦法改變，各種潑髒水的行為，讓自己產生壓力而做出許多蠢事，這些壓力會阻礙你的成功道路。

● 腦波的四種心智狀態

對於考生而言，我們要怎麼樣透過一個動作、機制，讓自己瞬間進入「空靈」專注情境？首先，讓我們先理解一下大腦的四種心智狀態。

腦波種類	頻率	意識	特性
β 波	14 ～ 100HZ	顯意識、清醒	注意事項繁多
α 波	8 ～ 13HZ	冥想	注意力集中
θ 波	4 ～ 7HZ	靈感	靈光乍現
δ 波	3HZ 以下	睡眠	無意識

⬆ 大腦的四種心智狀態　　　　　　　　　註：HZ（赫茲）

一般我們所謂的做白日夢，就是 α 波狀態，例如排隊的時候，隊伍已經很久沒有前進，這時候忽然會神遊太虛，外界雜亂的資訊暫時不會干擾你，陷入了一個白日夢的單純冥想狀態[9]。

 9 哈利‧卡本特，《精進潛意識》，2018 年初版，第 36 ～ 37 頁。

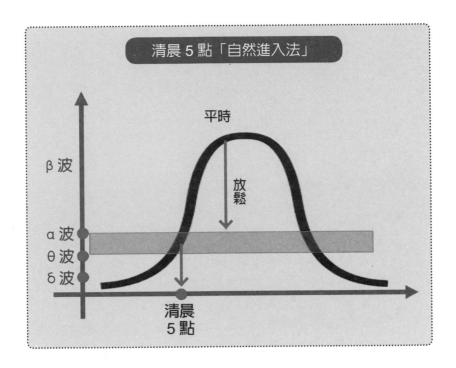

如果想要進入這樣子的情況，可以採行「自然進入法」，早上5點起床時，會發現剛起床還有一些耳鳴狀況，周圍只有輕微的車聲、手機沒有新的訊息傳來；沒有外在的干擾，一切是那麼的寂靜無聲，大腦慢慢地清醒，大腦頻率還不算高，這時候類似於 α 波狀態，坐在書桌把呼吸放均勻，唸書很容易專心一致。

如果不是清晨醒來，而是平時想要進入此一狀態，可以將自己全身放鬆，聽別人朗讀或自己預先錄製好，或者是直接上網播放別人已經錄好讓人放鬆的催眠指示，大概只要10分鐘就可以進入 α 波狀態。

● 清晨讀書的感覺，超讚的

如前所述，想要專注的最簡單方法，就是早上 5 點起床看書，不過這個方法對於很多朋友不太適用，因為大多數人很難 21~23 點早早上床睡覺，所以想要早上 5 點起床實在是有點困難；況且大多數的考生都不是專職考生，還要早早出門上班，太早起床的話，可能工作的精神狀態會不太好。

如果你想要在假日嘗試一下 5 點起床看書的空靈專注感覺，可以參考下列建議的方式：

① 早上 5~7 點起床後，簡單擦洗一下臉，然後就直接坐在書桌前，不要與人對談來學習，進入 α 波狀態，也就是我所謂的「空靈專注」，接著唸書 2.5 個小時，效果超級好。

② 之後吃個早餐，隨著大家已經起床，外界逐漸車水馬龍，各種訊息干擾開始增加，睡個回籠覺一下，不必擔心看書時間少，因為剛剛唸書的時間相當於別人一個早上的效果。

③ 大約早上 9 點起床，補完眠之後再唸一個半小時到 10 點半，然後出去散個步或是做一些其他自己有興趣的事情。

相較於一般人唸書，大概是早上 8~12 點共計 4 個小時，一天往往唸到 12 個小時，外界干擾太多導致不夠專心，加上讀書方法不好，所以容易事倍功半。但是，進入 α 波狀態，只需要少少的時間卻有大大的效果，這也是有些考上的人宣稱讀書時間不多，他在玩線上遊戲，你在懸梁刺股的主因。

差異點	傳統早上唸書模式	α 波唸書模式
時間	早上 8 點 ~12 點	早上 5 點 ~7 點 早上 9 點 ~10 點半
專注程度	容易被外在環境干擾	空靈專注
效益	事倍功半	10 倍效益

● 一個響指就可以進入專注狀態

如果你已經可以透過放鬆程序進入 α 波狀態，但整個放鬆過程可能要花費 20 分鐘，建議可以利用制約反應訓練自己快速進入 α 波狀態。（如下圖）

① 先上網找尋一些與放鬆有關的催眠指示，在 Youtube
上搜尋「催眠、放鬆」就可以找到許多影片，聽著內

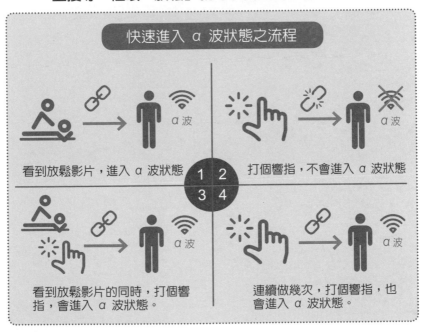

快速進入 α 波狀態之流程

看到放鬆影片，進入 α 波狀態

打個響指，不會進入 α 波狀態

看到放鬆影片的同時，打個響指，會進入 α 波狀態。

連續做幾次，打個響指，也會進入 α 波狀態。

容放鬆心靈地去感受進入 α 波狀態。這一段過程主要是讓你的顯意識放棄集中注意力這件事情，不要讓顯意識費盡心機，不要去思考過去的問題與未來的事件，把知覺停留在現在。

② 加上打個響指，或者是「深呼吸三次」、「3…2…1…Alpha……」並不會進入 α 波狀態。

③ 在練習放鬆的過程中，加上打個響指，或者是「深呼吸三次」、「3…2…1…Alpha……」。當然你也可以加上其他動作，譬如我個人就是唸書的時候會固定開啟某盞燈，然後開始坐正，就會進入一個極度專心的狀態，大約可以維持 2 到 3 個小時。

④ 連續做幾次，當你已經練習到聽「催眠、放鬆」的影片，確實可以幫助自己進入 α 波狀態，接著只要告訴自己「3…2…1…Alpha……」，就可以切換進入至空靈的專注狀態。

這一個訓練的過程，如同是電腦中的背景小程式（如下圖），使用視窗作業系統時操作鍵盤上的 Ctrl+Alt+Delete 三個鍵會出現工作管理員，上半部的應用程式就是我們平常會看到的 Word、Excel 等應用軟體（8 個），但是在下半的「背景處理程序」卻高達 109 個，這些程式的運作是自動處理的，我們大腦經過訓練後，「3…2…1…Alpha……」進入

↑ 顯意識與潛意識之區別

空靈專注狀態，就是寫一個內部小程式的過程。

　　如果難以透過觀看或聆聽放鬆影片或錄音內容進入放鬆狀態，則可以利用早上 5 點起床的狀況，那時候也是進入 α 波的放鬆、專注狀態。我自己是早上起床後，把腰桿坐正做為進入 α 波狀態的響指；換言之，只要一坐正，我就會進入到放鬆、專注的 α 波狀態。

重點摘要

1. 使得原本不存在關聯性的兩個事件之間建立起聯繫。
2. 進入 α 波狀態有三種方式：
   ① 清晨 5 點的自然進入法，但缺點是早上爬不起來。
   ② 放鬆進入法，但缺點是花費時間太久。
   ③ 「響指」進入法，需要進行制約反應的「響指」設定。

06

輕推理論

● 從眾理論：提高繳稅率

行政執行署的統計資料顯示，欠稅、欠繳勞健保、罰鍰未繳等，2022 年業已超過 1,400 萬件，依據「終結案件經過時間」統計資料，其中九成必須超過二個月才能結案，其中大約有兩成的比例，必須花費一年以上的時間才能結案。

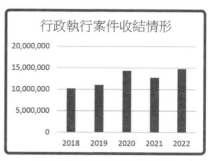

行政執行案件收結情形

⬆ **行政執行案件收結情形**

繳稅、保費，這些要從口袋拿錢的事情，對於很多人都是割肉的感覺，心不甘情不願、千拖萬拖，不到最後一刻絕不想勉強自己去做，甚至於逃避履行義務、怠惰為之，一催二逼還不願意完成，常常過了期限還沒繳交，導致主管機關事後追繳成本上升。不只是政府對於稅收的催繳很困擾，像是社區對於欠繳管理費的住戶也是很困擾；朋友之間欠款，一直要等到法院判決後，當事人才心不甘情不願地繳納。

「輕推理論（Nudge Theory）」對此議題有提出一些具體解決方法，最常聽到的就是政府部門修改繳稅單的內容，上面加上「大部分的人都在 X 月 X 日期限內繳納稅金」的一段話，就可以提高在期限內繳納稅金的比例。

輕推（Nudge）一字的英文原意是「用手肘輕推」，該理論是運用適度誘因或鼓勵、提醒等方式，在不限制個人選擇自由的

情況下改變人的決定[10]。我比較喜歡這樣子解釋「輕推理論」，利用非直接的方法來達到目的，像是與其恐嚇繳稅民眾，幾月幾日以前不繳稅會被罰鍰，還不如暗示其他繳稅人都按時繳稅。

上述鼓勵繳稅的設計，學理上比較像是「從眾理論」。人類屬於群體動物，不太喜歡與人不同，喜歡集體行動，因為從演化發展上，蠻荒時代的人類想要存活下來，與他人互相合作可以提高存活率，畢竟光靠一人之力較難以對抗一頭雄獅猛獸，反而靠三、四人拿著長矛群起圍攻，雄獅猛獸還會忌憚幾分。因此，當繳稅通知書告知一般人都會在某個期限內完成繳稅，納稅義務人的潛意識就會不自覺地依循著眾人在期限內繳納稅金。

其實我們生活周遭很早就開始利用間接的方法來達到目的之「輕推理論」。譬如說，等我長大的時候才發現「兔子愛吃紅蘿蔔」這個觀念是錯的，但「兔子愛吃紅蘿蔔」卻深植於我的大腦觀念中，追溯原因在於我們小時候看到卡通人物兔寶寶愛吃紅蘿蔔，於是誤以為吃了紅蘿蔔會像是卡通人物兔寶寶一樣厲害、視力變好，政府達成鼓勵兒童吃紅蘿蔔的目的，但也造成很多人誤以為兔子愛吃紅蘿蔔。

實際上不必特別強調紅蘿蔔的料理有多美味，也不需要強調其豐富的營養成分，只要把想要影響別人的事情放在對象常接觸的事物上，讓對象有樣學樣即可；隨著廣告的傳播深入人心，香菸相關產業的業者也開始置入性行銷，帥氣的牛仔抽菸、聰明的特務抽菸，觀眾自然會誤以為抽菸就能像牛仔一樣帥氣、可以像特務一樣那麼聰明，這其實與我們之前提到的「制約反應」脈絡相同。

● 現時偏誤：提升學生作業的繳交效率

同樣地，「輕推理論」在學習的領域上也可以進行很多有效的運用。

還記得國小唸書的時候，暑假長達兩個月，一放暑假簡直就是玩瘋了，等到僅剩一、兩天要收假上課，才驚覺自己的暑假作業根本還原封不動。如果當時學校改變措施為每兩週返校一次，同時繳交作業，學生也不會那麼慘，搞到每次的暑假作業都寫得亂七八糟。老師是否可以不採用恐嚇的方式就能夠讓學生準時交出暑假作業呢？

如果開學之後才開始交作業，依據「現時偏誤（Current moment bias；Present-bias）」的理論，人性會看重當下利益、低估長遠利益；同樣地，對於正面臨到的壓力也會讓自己發揮極限。對於兩個月後才要繳交的作業，總是會想著下週再開始做，只要沒有火燒屁股就再說吧！所以學生暑假作業總是拖到最後一週才做，甚至於開學很久了還欠著沒繳交，如果改成要求可以先上傳完成的作業到網路上，讓原本是暑假「兩個月」後結束才繳交的作業，拆分成八個部分，也就是「每一週」都要繳交，想必可以改變遲交作業的現象。

為了讓學生更有興趣完成暑假作業，也可以描述暑假作業的「利他性」，譬如說學習加減乘除有助於奶奶上菜市場買菜不會算錯金額；學習英文，可以將台灣行銷到國際上，讓更多的國際友人願意支持我們，並且具體要求學生寫出國時如何用英文詢問路怎麼走、商品多少錢、如何殺價等等。

　　不一定需要強調不交作業可能受罰的「危害性」，可以利用「現時偏誤」的理論縮減繳交時間，並且透過「利他性」的說明觸發撰寫暑假作業的動機，可以確保暑假作業依時限完成，而且還能擁有不錯的品質。

● 尿尿蒼蠅：推力

鬥牛的天性

　　鬥牛看到鬥牛士手中的布，就會生氣地往前衝。你有沒有想過鬥牛怎麼那麼笨，一直被鬥牛士耍，為什麼不會衝撞鬥牛士，問題不就解決了嗎？

　　這就是善用鬥牛只會對晃動的物體進行攻擊的本性，因此鬥牛士只要維持優雅的閃躲，原則上並不會受到鬥牛的攻擊。不僅僅是鬥牛，許多動物都有其特性，譬如說用夾子夾在貓的脖子上，貓就會乖乖地不動；在雞的眼前畫一條直線，雞就會像是被催眠一樣的不動，這是因為雞被壓制或緊張、驚嚇時，會出現僵直靜止或驚嚇癱瘓的自然反應，上述都是各種生物的特性，人類當然也有其預設的特性。

尿尿蒼蠅：將尿尿變成必須完成的任務

　　男性上廁所時應該都有一個經驗，就是看過牆上貼了一個標語：「靠近一點」、「請你再靠近一點」、「靠近一點，你沒那麼長」，這些標語的目的很明確，就是希望你不要噴灑得到處都是。只是這些標語效果還是有限，因為在男性的大腦中已經模擬出一種情況，就是尿尿噴灑到尿盆時，與其他人的尿液相結合

後，又反彈到自己的身上，想到這點，不自覺地又往後退了半步，所以男廁所的小便斗底下總是濕濕的一圈。

荷蘭首都阿姆斯特丹的史基普機場為了減少男性廁所的清潔工作量，便在每個小便斗上都印上了一隻蒼蠅的圖樣，結果這隻「尿尿蒼蠅（Urinal Fly）」竟為他們減少了約 80%（噴到小便斗外）的尿尿漏出量 [11]。

簡單來說，透過尿尿蒼蠅的設計讓男性在上廁所時思緒不再是尿液回彈的議題，而是如何用尿液來淹死這隻蒼蠅，從「擔心模式」變成「任務模式」的心態，也因此改變了自己的行為模式，往前多站了半步，這是一種男性被引誘去完成另外一個任務，不知不覺中也達成了我們所設定的目標。（如右圖）

傳統經濟學假設人是完全理性、自利為前提，隨著行為經濟學的研究，發現其實人是一種不理性、非自利的生物；因此正確地解讀人性，善用一些人類機制，設計一些像是尿尿蒼蠅的推力，引導人們做出更好的行為，設計出更有效的學習策略，考試學習也可以善用推力來設計許多學習模式。

11 〈透過推力來達成目標〉，https://pansci.asia/archives/31837。

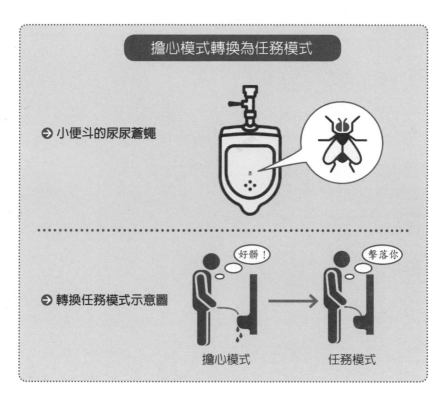

擔心模式轉換為任務模式

➔ 小便斗的尿尿蒼蠅

➔ 轉換任務模式示意圖

好髒！

擊落你

擔心模式　　　　　　任務模式

重點摘要

1. 善用「從眾理論」等行為經濟學，可以提高民眾的繳稅率。
2. 理解人類具有「現時偏誤」的缺失，人性會看重當下利益、低估長遠利益，縮短作業的交付時間，可以提高作業完成率。
3. 善用推力來設計一套機制，尿尿蒼蠅讓上廁所的男性從「擔心模式」變成「任務模式」的心態，將尿尿變成必須完成的任務，從而達到減少尿液外漏的目標。

07

直覺作答，準嗎？

● 你要選擇哪一個答案？

小毛在撰寫「法學知識與英文」考科的試題時，其中有一題內容是：

> 因特別災難之死亡宣告，得於特別災難終了滿多久後，為死亡之宣告呢？
>
> （A）一年
> （B）二年
> （C）三年
> （D）七年

民法 1 千多個條文，出現一年計 43 次、二年計 26 次、三年計 14 次，而七年僅 1 次；小毛的大腦閃過一堆條文，但因為條文太多，自己不是很清晰記得條文內容到底都是幾年，覺得（D）七年實在是太長了，應該剔除，這時有一個直覺突然從大腦中跑出來，直覺告訴他（B）二年比較有可能。

直覺選擇（B），又經過審慎思考的時間，似乎覺得選項（A）一年比較有可能，畢竟特別災難發生後，像是空難、船難，一年後還找不到，通常就應該死透了，一年似乎又比較可能，但又想到整個空難事件的調查很難也要個二年，選項（B）二年也不是說沒有可能性，這時候小毛到底要選哪一個？

我們先公布一下正確答案 ： 選項（A）一年

如果直覺選了（A）一年，但答案是（B）二年，因為一開始猜的是對的，那種感覺可真是嘔死了。

〈情況一〉

直覺（A）→ 正確答案。

改選（B）→ 變成錯了。

人性：人有相信直覺的趨向，不相信直覺而錯，會特別扼腕。

反之，覺得推理後的（A）一年比較可能，但還是相信直覺而選了（B）二年，結果錯了，好像也不會那麼難過。

〈情況二〉

直覺（B）→ 錯誤答案。

改選（A）→ 變成對了。

人性：人會有相信直覺的趨向，不相信直覺而對，並不會感覺很開心。

如果你是小毛，你會選擇哪一個答案呢？

● **直覺的答案正確率高，改了反而容易錯？**

針對這個議題，還真的有學者跑去研究，發現了「第一直覺謬論（first instinct fallacy）」的存在，但真的思考之後再改個答案，真的就會從正確變成錯誤嗎？

克魯格教授對伊利諾州州立大學 1,561 位學生的期中考試進行分析研究，並做了一些設計，如果學生改答案的話，就必須註明在「刪除標記（eraser marks）」，以追蹤修改後的結果。

研究結果發現 3,291 題遭到修改，54% 的學生因為更換答案後得分，19% 更換答案後失分，所以換了答案似乎有不錯的結果。

有趣的一件事情，75% 的實驗參與者相信第一次的答案比較可能正確。（參考原文：The vast majority of participants（75%）believed that when deciding between one's original answer and another answer, one's original answer is more likely to be correct— even if the new answer seems better.）[12]

● 第一直覺謬論，為什麼？

第一直覺謬論，想必也是演化的後果。

有一個論點是這樣分析的：思考對於小小一顆的大腦來說很耗費能量，偏好於不要去思考，也就是所謂的「認知懶惰」，所以對於不經過深思熟慮的直覺，排序上當然在前面[13]；有人現在依舊使用傳統手機，有人電腦還停留在 Windows XP 的舊版視窗，也許不是因為懷舊的情懷，而是學習與適應新事物需要動腦，動腦就耗能，沒有強大動機之前，能不執行就不執行。

大腦預設是「直覺」，達到「不思考、不耗能」的目的，違反了直覺的預設設定，選對了就算了，如果選錯了，就該打屁股給個懲罰，這個懲罰會讓人感覺到不舒服的負面感覺，也就是前面所說的「嘔死了，早知道我就不要亂改答案了⋯⋯」

大腦為什麼會有這樣子的反應呢？

人類的大腦主要適用於叢林中，直覺的「快思」比較重要，深思熟慮的「慢想」就比較次要；現今的社會中則是相反，很多

 12 Counterfactual Thinking and the First Instinct Fallacy，https://people.wku.edu/steven. wininger/Kruger%20First%20Instinct%20Myth.pdf。

事情需要「慢想」，避免急迫性危險的「快思」則是次要的。因此很多出事的狀況，譬如說股票市場追高殺低，就是使用直覺的「快思」所導致的下場。

　　湯姆克魯斯於電影「捍衛戰士2」中飾演的彼得·米契爾上尉，常對其受訓學員說「相信你的直覺，別猶豫，放手去做（Trust your instincts. Don't think, just do.）」這句話也沒有錯誤，因為飛行官都是經過扎實的魔鬼訓練，就像是一位久經訓練的網球選手，面對百公里速度飛來的球，沒有時間思考，要靠直覺對決；同樣地，我們一般人如果真的要依賴直覺的快思，依據葛拉威爾出版的《決斷2秒間》一書的論點，也要在足夠的知識與訓練下所產生的直覺，才是可信賴的。

● 快思與慢想必須併存

　　有兩部電影很有趣，我們可以將之視為快思慢想、互打擂台的電影，一部是2012年上映的「人生決勝球（Trouble with the Curve）」，訴說傳統球探如何用各種經驗值來觀察來判斷一位球員的好壞，對於老式風格的球探有著近乎神話般的擁戴，從時間上來看，我懷疑這部電影是為了反擊2011年的電影「魔球（Moneyball）」，這部電影主張以數據分析、追求上壘率來挑選球員，球探的地位將逐步被數據取代。

　　對於直覺的「快思」、深思熟慮的「慢想」，我覺得並沒有誰比較準的問題，這是大腦的兩個機制、共同存在，我們如同在操作一台電腦，並且藉由大腦發號施令讓身體可以正常運作，而這台電腦如同前面所述，當你點選鍵盤上的Ctrl＋Alt＋Delete三個按鍵，會出現一個背景小程式「工作管理員」，上方的應用程

---

13 〈聰明人如何思考？1 周內重新打造思維模式、運用理性大腦〉，https://anatomind.com/blog/think-again。

式就是我們平常會看到的 Word、Excel 等軟體，但是在下方「背景處理程序」卻高達上百個，專門處理一些背景的工作，如果以身體的各種功能來形容，可以想像成心跳穩定控制小程式、胃部食物消化小程式、自動警覺防衛系統等等。

明明是應該相輔相成的兩個機制，人們卻喜歡將之對立化，不僅僅是棒球界，也不僅僅是大腦快思慢想之爭，在很多領域都有類似對立行為，就以很多人參與其中的理財界，過去有所謂的技術分析派、價值分析派誰好誰壞之爭，對我來說沒有誰對誰錯、誰好誰壞，只是對於股票不同角度的觀察。

如果只支持某一方，那真的是蠻無聊的，猶如小孩子打鬧的選邊站舉動，實際上無論是投資理財界的技術分析派、價值分析派之爭，或是棒球界的傳統球探對上數據分析何者較厲害，或者是直覺的「快思」、深思熟慮的「慢想」，我們要選擇的事情其實很簡單，瞭解運作本質後將其均納為己用，那才是最聰明的。

重點摘要

1. 思考會耗能，大腦偏好於不要去思考，也就是「認知懶惰」，所以對於不經深思熟慮的直覺，排序上當然在前面。
2. 人類的大腦主要適用於叢林中，直覺的「快思」比較重要，深思熟慮的「慢想」就比較次要；現今的社會中則相反，很多事情需要「慢想」，避免急迫性危險的「快思」則是次要。
3. 直覺的「快思」與深思熟慮的「慢想」，並沒有誰比較準的問題，這是大腦的兩個機制、共同存在，均納為己用那才是最聰明的。

第 2 篇

分析與練習篇

08

沉沒成本：一直沒考上怎麼辦？

● 餐廳收益打平沒賺頭，還要繼續經營下去嗎？

小張開了一家泰式餐廳，生意還好，但因租金、人事、食材等支出居高不下，獲利勉強打平，敲著計算機，發現每個月賺不到 1 萬元，卻要凌晨起床忙到半夜，累得半死，還不如當個 Uber 司機賺得多。

小張看著不知道何時才可以賺到錢的未來，感覺自己像是在做長工，心裡不禁想著還要繼續下去嗎？

上市櫃公司也常面臨這種困境，現在很多公司投資太陽能、儲能產業，這類型的產業必須投入大量資本支出，回收期相當漫長，有時候還會碰到一些變數，例如當初承諾太陽能板保固的業者倒閉了，爾後維修還要花大錢請其他廠商維修，看著賺不到錢還要賠錢的帳本，想著已經投入了數年的心血與金錢，如果斷然砍掉，已經投下去的資金頓時打了水漂，可是繼續下去，要獲利看起來也是機會渺茫，心裡不斷糾結著不知道該怎麼辦？

● 唸到大四發現沒有興趣，該怎麼選擇呢？

類似的問題不僅發生在企業中，許多還在學習道路上的學生，好不容易國中拚三年、高中拚三年，考上了國立大學，也填上了父母理想的科系，可是實際唸書的人是自己，到了學校卻面臨到類似的窘境，開始唸下去時發現根本不是自己想像的那個樣子，頭已經洗下去了，要轉系還是重考呢？

有一位王姓女同學，在 2017 年錄取台大牙醫學系，對於這

個科系，她是一名新生，實際上她早就已經從台大化學工程學系畢業，一樣是讓人羨慕的台大，但她卻選擇了重考，原因是「化工不是真愛」、「學科和工作想像不同，我進來以後才知道原來我要當工程師」、「對我來說，這就是本末倒置」。在學期間就已經在補習班教課的她，社會歷練讓她知道自己對於「穩定有品質生活」的需求，化工系似乎並不能滿足她的想法，深思熟慮後才下定決心重考，「重來一遍，真的很需要勇氣！」[14]

　　與王姓女同學類似的例子很多。我們從小到大常常會被問夢想是什麼，但能很明確認知到自己真正的興趣、人生的方向在哪裡的朋友，少之又少；從國小、國中，一路唸到高中，所學的科目都是國文、英數理化等基本共同科目，要能從中找到自己的興趣，也不是一件簡單的事情。

　　好不容易考上了大學科系，通常就是能公立就儘量不選擇私立，為了讓自己的成績能夠效用最大化，學生偏向於挑選大家都認為最好的科系，而不是自己認為最喜歡、充滿熱情想要學習的科系；譬如說台大外文系是過去最好的科系，分數最高的才能上榜，如果自己分數可以上台大外文系，即便自己對於社工有興趣，最後可能在效用最大化的壓力下，選擇自己比較沒興趣的外文系。

　　在這個選擇背景下，很多人唸到了大二，發現自己對於所學的科系沒有興趣，又因為成績關係，無法透過轉系等方式來找到自己的興趣，一個學期熬過一個學期，如同前面提到的台大王姓女同學一樣，到了大四也二十來歲了，思考著是否要重新就讀一個科系，還是說混個文憑畢業算了。

14 〈為何這位台大少女在大四畢業前夕砍掉重考——念錯科系後你有多大勇氣重來？〉，https://buzzorange.com/citiorange/2017/11/20/why-she-didnt-gratuate-from-ntu/。

卡内基梅隆大學商學院助理教授奧利沃拉（Christopher Olivola）曾經做過一個實驗，要求受試者想像他們在週末假日被安排兩趟旅行，一趟去蒙特婁，一趟去坎昆，他們必須二選一。其中一趟旅行花費 200 美元，另一趟旅行則花費 800 美元，研究結果發現受試者即便比較喜歡便宜的旅程，但還是選擇了較貴的旅程 [15]。

這與選擇大學科系一樣，我們常常選擇大家認為好的科系去就讀，希望成績效用最大化，卻放棄了自己比較喜歡的科系，這就是沉沒成本效應。

● 經濟學探討的沉沒成本

沉沒成本，指一個人投資的時間、金錢。你可以想像自己持續努力追求一個目標，然而時間越久發現繼續往這個目標前進卻已經沒有辦法獲得預期的回報，甚至有負面的效果，這時候腦中開始有一些糾結，想斷然放棄，但是一想到已經投入的時間與金錢，就會捨不得，覺得一旦放棄了，那過去的努力不就歸零？可是如果不放棄，能夠有所回報的機率卻又非常渺茫。

簡單來說，當投入的時間、金錢成本愈高，即使前景看淡，卻難以放棄。

現在有愈來愈多的考生好不容易考上了國家考試，任職於心心念念好幾年的公職，可是才一上任，卻發現工作壓力如山一般大。試想看看，如果你是一名台北市政府的員工，新的民選市長一上任，必定是新官上任三把火，各種新政策、新思維搞得小小公務員是暈頭轉向，讓自己的工作充滿了各種挑戰，當初想要穩定無壓力的公務員生涯，可現在的生活完全天差地遠。

　15〈別讓沉沒成本謬誤毀了你的決定〉，https://www.cw.com.tw/article/5091459。

　　也有一些人考上公職不是為了輕鬆的生活，而是有讓國家變更好的偉大理想，只是實際上的工作與想像中的理想抱負似乎差距甚遠，譬如說司法考試的書記官，職銜上有個「官」字，又是司法人員，考生充滿著人生的憧憬，認為考上之後一定能維護司法正義，而且有個官字好像又很威風；直到真的考上了、也上任了，才發現是協助處理法院的行政業務，雜七雜八的瑣事讓自己忙得暈頭轉向，只是一份幫忙打下手的工作，與想像中司法正義的維護可是天差地遠啊！

　　工作壓力過大，或者是工作內容與設想的情況不同，都讓許多人身處於憂鬱的環境中，不斷地日積月累下，也一直在考慮是否還要為了這份薪水做下去；如果辭職了，過去國家考試花費的時間與精力可能就付諸流水，這是考生所要面臨的沉沒成本。

● 避免沉沒成本拖累你的人生

　　體認到人生不可能永遠順遂，一定會有失敗的時候，或者是理想與現實的差距過大，不想要繼續努力或放棄，凡此種種所造成的時間成本浪費，如果評估未來轉圜空間很小，像是還需要花時間準備考試但上榜的機率過低，或者是考上了又不願意庸庸碌碌地走一生，就要斷然取捨。要解決自己很難取捨沉沒成本的這一道心魔，本文提出兩個觀點。

一、借鏡「投資停損」的概念

　　早期律師考試很難考，許多法律系學生終其一生以考上律師為目標，圖書館有很多阿伯等級的法律系學長，年逾 40 歲，甚至於 50 歲，滿滿的筆記本都泛黃了，依舊還在考試。

即便是一般國家考試也有類似的現象，很多考生本身條件並不適合參加國家考試，但還是抱持著試試看的心態，一年、兩年過去，成績沒有提升，但想要放棄又很不甘心，尤其是成績只差那一點點的時候，想說隔年應該有機會，結果再一次居然成績更差，最後就是把大部分的生命耗費在無盡的考試準備上。

停損的概念是當目標、客觀條件離自己當初一開始設定目標愈來愈遠，就該斷然放棄。盤算一下，設定好你的停損點，就勇敢地走下去；如果你是專職考生，建議以二到三年為考試期間，超過時間還沒有考上，就是自己斷然停損的時間點；如果是兼職考生，可以長一些，但除非有所突破的感覺，否則儘量不要超過五年。

我常常勸考生，外面缺工很嚴重，只要有份薪水，賺了錢拿去投資；投資理財可不像國家考試，只要努力就可以變成高手，只要會投資理財就可以讓你的財富水龍頭愈來愈大，一樣可以賺到盆滿缽滿。

二、決斷必須依賴客觀數據或證據

如果主觀上猶豫不決，可以透過客觀數據分析來做為自己決策的依據。透過客觀數據計算「期望值」，就是一個簡單的方法；當「預期獲利 X 發生機率」的數值過低，甚至於估值趨勢是愈來愈低，也要立即斷捨離。

期望值 = 預期獲利 X 發生機率

如果你是考生，你要先惦量一下自己的程度在競爭群體中的排

名，排名愈前面，考上的機率愈高。如果不是在前面 20%，建議就不要考下去；如果有自信在前面 20%，下一個要判斷的就是自己有沒有持續進步；如果沒有辦法持續的進步，背了又忘、忘了再背，每年的程度都在原地打轉，想要考上，運氣的成分占比較高，建議也可以做為轉換跑道的理由。

至於自己是否屬於前面 20% 水平的考生，依據我個人教導眾多考生的經驗，可以參考下表（以法律科目考生為例）。

比例	特徵值
前20%	・進入多次複習階段 ・當老師提到某一觀念時，能夠立即想起相對應的體系，重要法條的條號與法條重點、相關概念的重點都能記得並能寫出來 ・面對申論題考題時，大概能掌握一半以上的考點 ・申論題撰寫能力已經有超過一年、百題以上的訓練
21~50%	・才剛進入複習階段 ・開始記憶重要的法條，也能瞭解法條規範的重點，但是條號還無法撰寫 ・面對申論題的考題時，只能看出考點，但遇到稍微複雜的考題就沒轍 ・偶爾練習過幾次申論題
後面50%	・應試科目還沒學習過一遍 ・無法記得某一個法律觀念的相關法條條號與重點，也不清楚有什麼學說 ・看到考題頂多知道考試主題，至於考什麼法條、具體爭點搞不清楚 ・尚未練習申論題

⬆ 不同程度考生特徵值說明

● 把自己當作一家企業重整分拆

假設你是參加司法考試，已經花了幾萬元的補習費，又花了兩、三年的準備時間，這時要斷然放棄考試，確實不是一件容易的事情。可以把這一個學習過程當作經營失敗的企業，總是有剩餘價值，分拆賣出，至少能撈回一些價值。

但我所謂的分拆賣出，並不是單指把讀過的書拿去二手市場賣出，那個賣不了多少錢，而是指學了英文可以考證照、學了法律可以考法研所，或者是將這一個經驗轉換成一本人生的紀錄，說不定出書還可以賺版稅。

很多人確實在參加國家考試之後，對於法律科目產生了興趣，因為國家考試很多科目是法律。有時候我會建議考生不要報名補習班，可以去報考一些專門為非法律系學生規劃的法律研究所（有的學校稱之為「碩乙班」），即便最後沒考上國家考試，至少還有個學歷；同樣的道理，如果是英文這一科的準備，可以順便拿張證照，即便最後沒有繼續走國家考試這條路，該有的語文證照也拿到了，比較不會竹籃打水一場空。

市場上有一些眼光精準的投資高手、手握龐大資金的資本巨鱷，會在市場上挑選並收購一些整體上看似沒有價值的公司，收購回來後，再重新整理將還有價值的事業體分拆出售。收購企業高手把公司分拆出去的收入，通常遠遠大於收購價格。

同樣的道理，準備國家考試多年卻沒有考上的結果，似乎一切的努力都化成空；然而，我們如果把自己當作一家看似沒有好表現的公司，過去的努力是否有哪些可以分拆獨立出來？也許每一部分的學習拆開後的價值，加起來還會超過考上的價值。

● 沒有過不去的坎，只有放不下的執念

人生的時間很寶貴，應該放下執念。

我在公務生涯最黃金的時段選擇了退休，十年後才能領到退休金，對很多人來說，應該很難想像我這樣子的退休條件還是退休的選擇，其實我覺得並不是那麼難想像。

有一次網友跑來問一個問題，這個問題很多年前就聽他提過，抱怨自己不受重用、考績長年乙等，所以希望透過訴願、行政訴訟、打刑事官司、監察院等手段爭取自己應有的利益。

當然，就是碰了一鼻子灰……

如果說這類型的人是堅持爭取自己權利，很讓人敬佩，這樣子的說法我沒什麼意見，但我覺得這類型的人通常會有執念，沒辦法認清楚社會上的殘酷現實。台灣還是一個很人治的社會，如果你有關係，很多行政力量早就為你所用，監察委員照三餐邀約欺負你的長官喝茶，搞個幾次，早就甲等了，甚至別說甲等，背景夠硬，叫你爹都行。

但是很多人沒辦法認清自己在社會上人脈的薄弱，說難聽一點自己像是一個狗屁。

我就是一個狗屁，但我很早就認清自己的狀況，沒有背景、不喜歡搞關係，在公務領域的道路上不要想到能爬到啥高位，即使爬到了高位，一退休六十五歲還不是得歸零。

我不願意努力多年只換來一個九品芝麻官，或者是比九品官稍大一些卻要唯唯諾諾十幾年，所以早早就走自己的「第二人生」，一條靠自己能力就能改變許多事情的工作，並且很早就開

始默默地規劃與經營。不過在下這個決定之前，必須要把自己的財務狀況弄好，至少要半個財務自由，再趁年輕的時候，給自己一個把生命掌握在自己手中的機會。

　　捨棄 160 萬年薪的工作，十年沒有退休金可以領，職場競競業業的表現歸零，我的想法與做法希望能給正在不捨沉沒成本的你多一些思考的素材。

重點摘要

1. 為了讓成績能效用最大化，學生偏向挑選大家都認為最好的科系就讀，而不是自己最喜歡、充滿學習熱忱的，只會讓自己投入的時間成本愈來愈多。
2. 想要避免沉沒成本的缺點，必須借鏡「投資停損」的概念，善用數據分析後續作為的「期望值」，進行客觀分析。
3. 把自己當作一家企業進行重整分拆，即使最後沒能達成目標，但過程中的努力還是可以分拆獲利。

09

40歲高齡考生還能考上嗎？

● 28~30 歲是上榜的黃金期

國家考試中適合一般人報考的考試主要有高考、普考、初等考、地方特考，這些都是一般考生主要的考試目標；以 2021 年考試為例，除了初等考試平均年齡稍微大一點，在 30 歲左右，其餘高考、普考、地方特考的平均年齡則在 28 歲上下。

41 歲以上的考生是否比較難考上呢？我們從統計數據可以看到 41 歲以上考生錄取所占的比例，除了以選擇題為主的初等考約 14%（報考約 18%），普考約 7%（報考約 12%）、高考約 7%（報考約 12%）、地方特考約 10% 上下（報考約 14%）；換言之，41 歲以上的考生報考占比不低，但錄取比例卻低很多。從統計數據來看，年齡這一個因素對國家考試似乎有影響，年紀稍長的考生會比年紀輕的考生還要難上榜。

● 資深考生上榜比例較低的原因

我個人專注於考試與學習技巧的研究，包括圖解、法律記憶法與申論題撰寫，平常替考生開設相關國考課程時，面對的考生平均年齡也接近 40 歲，在教室裡面看到這一批年齡偏大的考生，總是會很好奇他們參加國家考試的目的，與他們聊天的交流過程中，發現大多都是在社會上歷練了一段時間，在職場載沉載浮一陣子後，擔任「社畜」飽受職場的欺凌，覺得還是想要進入一個穩定的工作環境，公職就是一個很好的選擇。

年輕考生大多具有大學、研究所的考試經驗，考試技巧較為

嫻熟，而 40 歲上下的資深考生，大約是 1980 年前後出生的世代，當年考試資源沒那麼多，自然考試的歷練也就少了，可能是大學畢業後就直接踏入社會工作，相較於才剛畢業沒多久的考生，在考試技巧上自然就差了一截；況且離開學校那麼久，學校所學的知識已經過時且荒廢甚久，重新走進考場後，錄取人數比例自然偏低。

　　對於資深年齡考生來說，社會歷練的經驗雖然是優勢，吸收知識本應較快進入狀況，但是在考場上卻未能發揮其功效；推敲其原因，過去的社會經驗未必與考試的專業科目有關係，像是法律科目專業名詞過多，對於非法律系學生，即便有豐富的社會經驗還是無法在法律科目的考試上占有優勢。然而，換個角度思考，也不是社會經驗全然無用，我覺得在面對申論題實例分析的時候，法律科目很講求說理分析，社會經驗可以作為說理分析的基礎，這可是剛出社會的年輕人所沒有的優勢。

● 不讓年齡成為威脅的方法

　　如果要給資深年齡考生建議，我認為應該在考試技巧、所學知識的更新、文筆能力的提升等方面，必須透過一些方式進行補強，再善用自己的社會經驗優勢，就可以讓年齡不再成為考試的阻礙。

　　資深年齡考生要先能正視自己的缺點，認清競爭者的優勢，截長補短，才能夠與現在具有豐富考試經驗的年輕考生在考場上有公平競爭的條件。

具體的建議與說明如下：

選擇容易入門的書

譬如以圖解為主的書籍，讓荒廢學業已久的考生能夠更快地吸收不同領域的專業知識。

強化學習技巧

年輕的考生通常都歷經大學，甚至於研究所考試的洗禮，考試技巧比較強；資深年齡考生自然得補齊這一個考試技巧上的落差，譬如說學習如何記憶法條的法律記憶法，或者是如何透過體系來強化分類記憶的體系記憶法。

提升申論能力

很多資深年齡考生都已經不動筆許久，在文字論述上比較不順暢，應該要補強闡述與作文能力。

利用社會經驗

申論題實例通常都有不同論點的爭論，而社會經驗正是經歷過各種社會事件、各種利益衝突不斷碰撞下的產物，善用社會經驗可以補強自己考試技巧不足、所學過時且荒廢的缺點，加速學習理解的速度。

重點摘要

1. 28~30 歲是考上的黃金期，超過這個時期的考生會比較難考上。

2. 資深年齡的考生雖有經驗優勢，但在考試技巧上自然就差了一截，且學校所學的知識可能已經過時且荒廢甚久。

3. 資深年齡的考生應強化考試技巧、申論題撰寫能力，並善用自身的社會經驗加速學習理解的速度。

10

精準抓到考題：均值回歸

● 投手表現怎麼變不好了？

職棒球員很重視數據上的表現，偶爾會有低潮，但是到底是暫時性的低潮，還是自此一蹶不振呢？如果整體數據不好的投手，今年的表現會持續不好嗎？

這確實是很難判斷的一件事情，有時候只是因為這位投手運氣不好，譬如說攻守都很穩定，但每次都遇到「豬隊友」，老是犯了些低級錯誤、關鍵失誤，該接到的球就是漏接，導致明明投球表現不錯，卻總是淪為敗戰投手，最後數據上暫時有點難看但將時間拉長來看，若是整個球隊實力與這位投手素質不錯，長久下來應該會「回歸均值」的表現。

在股票市場有一個比喻，股價有如一個人牽著的小狗，跑來跑去總是會回到主人的身邊，也就是回歸到其應有的價值，此即所謂的「均值回歸」。若是以股票價格為例，當本質沒有改變時，股價會隨著時間的推移趨向於平均價格。

擲骰子也是一樣，連續五把開大，下一把也就是第六把，開小的機率變高？

人們對於突然出現連續好幾次大，會認為下一次總該開小了吧！然而下一次擲骰子出現小的機率還是一樣，並不會因為前面幾次開大，就讓下一次開小的機率變高。擲十次骰子，有可能平均值偏高，可是把擲骰子的次數變多，變成一千次，就會發現又回到了中間值。

我自己也常針對身邊發生的事情進行一些數據統計，像是法律推廣中心一年兩次的小額捐款，一開始捐款的前幾天，平均每

人捐款數值 2,500 元，總是會超過上一次的平均值 1,580 元，隨著捐款人數愈來愈多，會發現與去年的數值還是差不多。追究其原因，大額捐款者通常一開始就搶著捐款，所以前面一、兩週的捐款期間，捐款金額就比較大；後面捐款者的捐款金額通常比較小，到最後就會出現與上一次差不多的平均捐款金額。

　　人類不擅長感受機率的正確性，明明是高發生率，卻認為發生的機率很低，例如手術成功率 90%；反之，明明是低發生機率，譬如說核電廠爆炸、飛機失事，但卻會認為機率很高。

● 去年差 0.3 分，今年怎麼差了 1.5 分

　　考生最常抱怨的一件事情，就是去年只差 0.3 分，想說今年拚一下，應該就有機會考上了，結果成績一公布，反而差了 1.5 分，辛苦了一年，居然不進反退因而開始懷疑人生，下一次成績還會進步嗎？

　　對於這種現象，我個人認為如果排除考題大爆冷門的特殊情況，這些考生的實力在又歷經了一年的準備，實際上程度並沒有大幅度躍進；在閱卷者的眼中，還是一個接近錄取標準的表現，沒有太特殊，也沒有太差。

　　此外，也有一種可能，可能某一年因為剛好出到自己擅長的考題，所以表現好了一些，隔年考出來的題目又是自己不擅長的部分，所以成績又差了很多。像是很多同學準備刑法總則只看常考的部分，第 40 條以後的條文就不太準備，結果一考出來馬上傻眼，繼續多奮鬥一年。因此，去年考得比較好也許是運氣，今年考得比較差，也許才是真正的實力。對於這種一直在考上邊緣中徘徊的考生，最大的原因就是實力沒有經過時間的努力而大幅度成長。

對於總是在考試邊緣打擦邊球的考生，我的建議是必須要改變準備考試的策略，大多法律科目的考生花太多時間在記憶法條，又不善用記憶技巧，導致怎麼記、怎麼忘，一直在反覆記憶，卻沒有把時間花在補足自己弱點、尋找最新考題趨勢、反覆練習申論題。

如果花一些時間，利用記憶法重建自己的知識體系，讓記憶的時間從 70% 降為 20%，多出來的時間進行申論題準備、新資料蒐集，就能讓自己的實力跨越到另外一個層級。

● 熱區：重點觀照／冷區：基本防禦

精準抓到考題，也就是所謂的考前猜題，主要有兩個做法：

① 蒐集歷史考題，並分析考題分布。
② 時事型的考題。

首先，先來說明一下蒐集與分析歷史考題的分布，這是比較標準的準備技巧，有助於平時準備考試時期時建立學習的宏觀面，區隔過去考試的熱區與幾乎不太可能出題的冷區範圍，將熱區範圍重點觀照，冷區範圍則只要做到基本防禦。

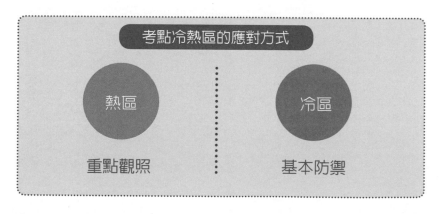

考點冷熱區的應對方式

熱區 — 冷區

重點觀照 — 基本防禦

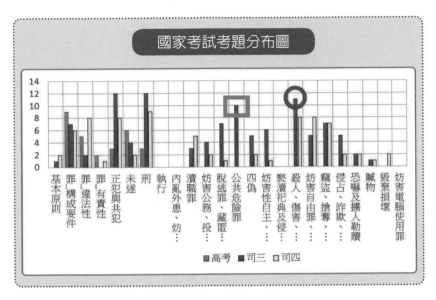

國家考試考題分布圖

蒐集歷史考題的方式很簡單，譬如說刑法類科，可以在考選部網站蒐集過去 10 年的歷史考題（可以慢慢蒐集更多年的考題），並將考試的「考點」抓出來，利用 EXCEL 統計各類型考題出現「次數」，並製作考題分布圖（如上圖）。

高考因為只有考「刑法總則」，所以在整個分布圖中，只會出現總則範圍的考題，司法三等與司法四等考試因為考的是刑法，考題自然包括「刑法總則」與「刑法分則」：構成要件、正犯與共犯、殺人罪與傷害罪、竊盜罪與搶奪罪屬於考試的熱區；執行、內亂外患等章節則是冷門區。

在司法三等與司法四等的比較中，可以發現兩者都很喜歡以殺人、傷害為主軸（如圖〇處），但是公共危險罪則是司法三等很愛考的主題（如圖□處），但是司法四等就沒有出現過公共危險罪的考題。

● 不同期望值的準備方法

從準備時間與精力的投資報酬率計算來看，我們必須先知曉什麼是期望值，並透過期望值公式來決定哪些章節的出題率太低，屬於考題的冷區。所謂期望值的公式列出如下：

$$期望值 = 機率 \times 報酬$$

如果十年都不會出現一題，如上列期望值的公式，每一題的分數都是 25 分，可以套入上述公式的「報酬」，出現的機率偏低，則期望值自然偏低，此種「冷區考題」則只要進行「基本防禦」的準備。

基本防禦應該要做哪些功課呢？原則上就是完成下列事項：

	基本防禦注意事項	具體準備內容
1	法條看過一遍	可以用 100 字以內描述冷區規定的重點。
2	記憶重點	包括基本與相對重要法條的條號、條文的重要關鍵字詞。
3	練習冷區曾經出過的考題，並推估其他類似的可能考題	例如考過刑法總則的追訴權時效，就要同時準備類似的行刑權時效。
4	搜尋其他類別考試有無出過此一冷區之考題	例如高考沒有考過，但是三等地方特考可能考過。
5	確認近期有無重要修法	參考全國法規資料庫。
6	蒐集近期有無學者提出相關見解	教授等級的文章即可。

⬆ 冷區考題基本防禦準備法

如果是期望值相當高的熱區，準備方法自然不同，不能只是「基本防禦」，還必須是「積極防禦」，可以參考下列做法：

	積極防禦注意事項	具體準備內容
1	法條看過一遍 畫出完整知識體系	可以用 100 字以內描述熱區規定的重點。 可以畫出完整知識體系，與彼此間的相互關係與層次。
2	記憶重點	相關條文的條號都能熟悉清楚，最好還可以記憶到「項」，常考的考題可以記到「款」。 重點法條的條號、條文的重要關鍵字詞都能背誦，最好是能將整個條文記起來。
3	練習考題 推估其他類似的可能考題	熟悉曾經出過的考試題型。 詳列熱區所有考點。
4	搜尋其他類別考試有無出過此一熱區之考題	例如高考沒有考過，但是三等地方特考可能考過。
5	確認近期有無重要修法	參考全國法規資料庫，並熟悉立法理由。
6	蒐集近期有無學者提出相關見解、實務見解	除了學說見解之外，也要熟悉最近有沒有出現過現有爭議的實務見解，如果可以記得實務見解的判決字號更好。

⬆ 熱區考題積極防禦準備法

有些共同科目也會因應不同的考試，而有出現一些特殊的考題，像是筆者以前參加司法特種考試，當時在準備英文時就會特別準備些刑事訴訟法與「強制處分」有關的法學英文，譬如說指紋（fingerprint）；因為出題者認為指紋（fingerprint）屬於鑑識採證的領域，司法人員應該要知道這一個英文單字，但是對

於一般高普特考中與司法人員無關的考試項目，這一個英文單字在一般高普考出現的機率就會比較低。

當學生能夠掌握住自己報考項目的考試熱區、冷區，準備起來就可以省事許多，否則傻傻地從第一條一路背到最後一條，不管是不是考試熱區，都用一樣的時間去準備，會浪費許多寶貴時間，整體效益自然就變低了。

● 時事型考題

第二個精準抓到考題的做法，就是蒐集時事型的考題。

出題者有時候在設計題目的時候也會腸枯思竭，因此出題期間或其他時段發生的一些社會矚目案件，剛好與其想要出題的主題相關聯，就容易以該社會矚目案件為藍本，修改之後成為當次國家考試的主題。

例如「陸戰退伍勇夫護孕妻勒死小偷『防衛過當』判 3 個月」的新聞標題，這是一件發生在 2014 年 10 月的社會事件，當年年底就在地方特考中出現，且在不同考試中出現。

中年男子甲於某晚以萬能鑰匙侵入一戶民宅行竊，甫竊得財物欲離去，正好屋主乙男偕同懷孕滿 6 個月的妻子丙返家，甲受困屋內不及逃離，情急躲入浴室。乙因尿急直衝浴室，發現浴室門由內擋住推不開，猛力推出縫際，赫見裡面露出一條人腿，驚覺有人躲在裡面，因擔心竊賊會危急妻子和胎兒，硬推開門擠進浴室。不料對方一個右勾拳就打過來，乙蹲下閃避沒被擊中，立即撲上前與對方扭打一團。年輕力壯、曾在軍中受過搏擊訓練的乙，用雙手肘緊緊壓制甲之下顎部直至勒昏，經報警送醫急救後，甲仍不治身亡。試分析乙可能涉及之刑事責任。

【103 三等地特－民法總則與刑法總則】

　　平時我都會看一下媒體的社會新聞，有很多刑事案例，這些會到處傳送分享的案例，自然也會分享到出題委員手中；如果出題委員剛好沒有點子，就會將這些送上門的議題修改為考題。國家考試的申論題很常見這些實例題的題目，大家平常可以多看一些與熱區相關的特殊社會事件，把這些特殊社會事件稍微修改成為模擬考題，然後自己練習一下。

● 建立考題資料庫

　　2022 年，我主要研究民法總則的一些法律記憶法，偏重於權利能力、行為能力，時常開設免費課程教授給正準備國家考試的學員，當現場學員學會我所教的「記憶宮殿」、「法律體系法」等內容之後，大家就像訓練有素的士兵，五百障礙一下子就跑完，射擊也都很精準，看起來能力都很強，但還是缺乏實際戰場上的驗證。

　　我會把所學範圍內曾經出現過的考古題拿出來請大家練習，加深大家的印象。

　　首先，我會先讓學員練習一下比較簡單的選擇題，因為平時就有在蒐集考古題，所以只要打入關鍵字，就會出現各年份以及考試科目相關的考試項目（如右圖），再加以選擇就可以找到很多相關聯的考題。

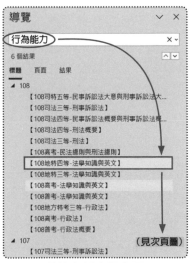

⬆ 蒐集資料庫示意圖（1）

承前頁，選擇題練習完後，就可以練習較複雜的申論題。

依民法之規定，下列就無償契約之敘述，何者正確？　(A)
無行為能力人為意思表示及受意思表示，應得法定代理人之允許
與同意，但純獲法律上利益者不在此限　(B) 不當得利受領人，
以其所受者，無償讓與第三人，第三人一律免負返還責任　(C)
受任人處理委任事物，未受有報酬者，應以善良管理人之注意為
之　(D) 債務人所為之無償行為，有害及債權者，債權人得聲請
法院撤銷之　　　　　　　　　　【108 高考－法學知識與英文】

下列選項中的 X 與 Y，何者結婚無效？　(A) 甲乙為夫妻，
甲婚前育有子女 X，乙婚前育有子女 Y，X 與 Y 成年後結婚　(B)
甲乙為夫妻，甲之父 X 已喪偶，乙之母 Y 亦已喪偶，X 與 Y 結婚
(C) 甲乙為兄妹，甲婚後育有子女 X，乙婚後收養子女 Y，X 與 Y
成年後結婚　(D) X 17 歲時生下甲，甲成年後與較其年長 12 歲
的 Y 結婚，甲與 Y 離婚後，X 與 Y 結婚

【108 高考－法學知識與英文】

↑ 蒐集資料庫示意圖⑵

練習考題除了可以加深自己學習的印象外，也可以掌握考
試方向。很多考生一直背法條，從第一條背到最後一條，背到頭
昏腦脹結果還是記不起來，這就像是練武人從蹲馬步、弓步、正
拳、套路，練了好幾年，上場三秒就被 KO 的狀況是一樣的。沒
有經過實戰訓練，永遠不知道戰場需要哪些作戰技巧；沒有經過
考題的反覆洗禮，永遠不知道唸書的重點、條文的考點。

重點摘要

1. 少量數據並不準確，將時間與數據量變大，長久下來應該會回歸均值的表現。
2. 總是在考試邊緣打擦邊球的考生，必須要改變準備考試的策略。
3. 考試熱區要重點觀照，考試冷區做好基本防禦。
4. 考試常以時事為出題素材，平常要蒐集時事，以因應時事型考題。
5. 考試前，先把同類型或相關類型考試的考古題蒐集齊全，建立自己的考題資料庫，到一個階段時就可以搜尋相關考古題進行練習。
6. 考題的練習除了可以加深自己學習的印象外，也可以掌握考試方向。

11

人人都可以上大學的時代，還需要補習嗎 ？

● 學習，一定要有一些方法

在這裡分享一段我自己學英文的過程。

我早期學習英文大概都是背單字為主，還記得有一間出版社出了一系列的單字書，從基礎 5,000 字、10,000 字，一路到終極版的 22,000 字，我一路背啊背的，勉強讀到了最後一本，但實際上前面背的已經全部都忘得差不多了。

直到我開始準備插班大學法律系，拿出過去工作一年的積蓄，湊了一筆不小的補習費，所補的課程除了法律之外，還包括了國文與英文，英文一開始由一位女老師來上課，講了文法、練習了一些考題，但感覺自己的成績還是沒有成長。直到有一天晚上，突然來了一位帥帥的男老師，一開始就很臭屁地介紹他自己自誇地說：本人是南陽補習街第二把交椅，除了自己的師父之外，就屬他最會教英文了。

我心裡暗想也就是臭屁的自我介紹，學習不就是靠自己努力，老師厲害有屁用，當時也沒有多留心。可是這位老師的英文課程卻讓我成長飛速，帥哥老師以「字首字根」為基礎，讓我把之前學過、散落在大腦各個角落的單字，突然快速地在腦海中串連了起來，甚至於考題不必完全看懂，只要抓幾個關鍵字，就可以猜出最有可能的答案，最後插班的英文成績大約 80 分，比我預估的 60 分高出甚多。

兩位英文老師，第一位傳統的教學讓我花了時間卻收穫有限，第二位南陽街第二把交椅的帥哥老師，教學技巧真的讓我終

身難忘。「字首字根」是善用過去的經驗為基礎，透過有效的「分類」，實際考題的反覆練習後，讓你自然而然地可以「感覺」出來這個單字的意義，就算整個題目看不太懂，依然還是可以提高答對的機率。換言之，我相信好的教學技巧值得付出一定的對價學習，可以節省自己寶貴的時間。

只是一路上走來，口袋不是那麼寬裕，沒有學習過什麼學習技巧的我，進入了法律系卻也在捲入了法律條文的無限流沙中，早上背完晚上忘，沒有人教我該如何有效率地把重要的法律條文記在腦袋中。

於是，有很長的時間我都在無限輪迴，星期一上午唸民法、下午唸刑法，然後上午複習的民法已經忘記了。

2011 年，好不容易法學博士畢業，我開始認真面對多年來學習法律上的困境：為什麼背了這麼多年，還是無法記起一些基本的法條？這十餘年來，我陸續到日本買了一堆學習技巧的書，看了許多行為經濟學、記憶法的書籍，實際上去帶領一些考生，慢慢地累積了一些比較有效率的學習方法。

● 補習班前排隊的長龍

補教界的名師呂捷上課時用許多生動的例子，讓補習班的學生快速學會了各種歷史知識，在面對大學各種考試時，可以更輕鬆應對、考上好的學校。那是否有思考過一個問題，要上呂捷老師等名師全套的課程需要花多少錢？

我上網查了一下，從過去的 5、6 萬，到現在一學年可能都要 10 萬以上，這可不是一般家庭可以負擔的，一定有很多學生

沒辦法聆聽這麼精彩的課程。以前經過南陽街的時候，看到補習班前一堆父母捧著錢搶位子的場景，在競爭激烈的升學制度下，窮人的小孩很容易落了下風，進了資源比較差的後段學校，如果沒有好的機運，就會形成負向循環。

我也是這樣出身的小孩，幾萬元的補習費那是甭想了，一切靠自己摸索，這一路上的學習也真的是很辛苦，背不起來、也不知道怎麼面對多變的考題；好不容易熬到了博士畢業，回頭思考這種導致社會階級落差的原因，還是在於有些家庭阮囊羞澀，窮人家的土方法對上了高端的學習技巧，自然是落敗了下來。

我深信窮人家的小孩也需要一個「機會」，一個改變自己學習方法與內容的機會，確認了原因之後，我陸續開了很多法律科目的課程；理財也是一樣，市面上的課程價格不但高端，而且品質參差不齊，付了學費還學不到好的知識，可能害了自己。

如同蝴蝶效應的說法一樣，蝴蝶翅膀的小小拍動可能演變成一場大風暴，只要一個機會，我相信這個社會總是會有一些改變，很多朋友都知道我有強迫症，知道問題的原因卻不去改變會讓我很痛苦，所以為什麼我會在小七直播，一坐就是 5 年多，別人的眼中是堅持，對我而言也許也是自我療癒的過程。

我相信很多同學跟我一樣，也在學習法律的過程中承受了無邊際的痛苦，口袋也空空無法支付可觀的學費來有效率地學習法律知識，使得自己一直無法在貧窮中翻身。我相信「知識流動」可以幫助很多底層掙扎的朋友，協助讓他們更有效率地將自己有限的資源發揮到最大，這也是我的文章《方格子_理財幼幼班》（右方 QRcode；

https://vocus.cc/money）雖然採取訂閱制，但都會留下一扇窗給口袋拮据的同學。

● 能不補習就不要補習

補習班可以學到高效率的學習方法，你要學的應該是方法，而不是把資料塞進你的大腦中。最常見不良讀書方法就是「錄音反覆聆聽」，一次聽不懂，以為聽兩次、三次就能聽懂，這樣子的學習方法很沒有效率；理解問題應該多方求證，而非只聽一位老師的說法，況且聽錄音內容很沒有效率，別把大多數的時間都用在反覆聆聽這件事情。

還有一件事情我覺得也很可怕，許多小朋友從小就是送到安親班，國中也送到升學補習班，一路靠著補習班的幫助考上高中、大學、研究所，雖然完成了學歷，卻容易養成「學習依賴性」。如果沒有了補習班，還能自主學習嗎？

學習要靠自己找資料、找方法獲得關鍵能力，而非只是不斷地在大腦填塞各種知識。況且台灣在 1994 年廣設大學後，從 60 間不到的大專院校，後來最多足足增加了約 100 間，現在大學、研究所的錄取名額愈來愈多，少子化讓報名的學生愈來愈少，很多知名大學研究所的錄取人數已高於報名人數，這也讓我們不再需要藉由補習來強化自己的考試競爭力，可以花更多的時間領略、享受知識學習帶來的無盡快樂。

我在中央大學教導商事法課程時，有很多學生很在意自己的成績，因為可能會影響到獎助學金的申請，甚至影響到推甄、國外留學的成績。

對於學生的需求我都不吝給分，只要願意花點時間學習，對於課程的內容有一絲絲的熱情，成績給分都不會留手；但是對於只專注於成績，一直與老師凹成績的學生，我的成績就會比較吝嗇，因為「分數只是指標，不是學習的目標」。一位老師的教學內容與評分方式應該是要開啟學生學習的熱情，而不僅是對分數的追逐。

　　恭喜大家進入少子化世代，人人既都可以唸大學，國家考試錄取率也逐年上升，過度著重考試技巧的補習班已經逐漸失去其價值，建議大家能不補習就不要補習。

重點摘要

1. 找出每個科目的學習方法，讓自己的學習更有效率。
2. 補習的外在助力容易養成「學習依賴性」。

12

懶懶的，不想唸書怎麼辦？

● 老花眼不必吃藥、戴眼鏡也可以改善

老花眼，源自希臘語，意為老化的眼睛，就像死亡和繳稅一樣是不可避免的。老花眼是由於調節（聚焦）能力隨著年齡的增長而逐漸下降所致，大約 42~44 歲就會受到影響，幾乎影響到 50 歲以上的每個人，對於飲料罐裝、保單上的超小字體，尤其是在光線不足的情況下，要拿得遠遠的或者戴上老花眼鏡，才能看得到模糊的字體。所以有老花眼的人在早期常被戲稱手臂太短，近距離閱讀困難造成生活質量的多重負面影響。

老花眼源自於眼睛的水晶體失去彈性，較難聚焦以辨認出小細節，也比較不容易看出明暗區域間的對比，均加重對焦的難度，目前常見的解決方案，例如光學矯正，像是配戴老花眼鏡、雙焦眼鏡，或者是服用藥物、進行手術等。但是否可以不進行這些外部干涉的手段，就能夠改善老花眼的狀態呢？

有一項美國與以色列學者共同進行的研究結果發現，知覺學習（在要求嚴苛的視覺任務上反覆練習）可以改善老花眼的視覺表現，使他們能夠克服與延緩眼睛老化帶來的殘疾，這種老花眼的進化是在不改變眼睛的光學特性的情況下實現的。我自己也有老花眼，所以這一個研究吸引了我的目光，該項研究結果表示，大腦具有高度的可塑性，可以克服隨著年齡增長而發生的自然生物退化 [16]。

研究假設，如果大腦可以增強或更有效地利用來自模糊視網膜圖像的神經信號，就有可能克服或至少延遲老花眼的影響。為

---

16 Training the brain to overcome the effect of aging on the human eye，https://www.nature.com/articles/srep00278。

了測試這個想法，針對 30 名 50 歲上下的老花眼患者為實驗對象進行感知學習的訓練方案。具有相似但不相同任務的知覺學習已被證明可以改善正常視力以及神經（弱視）和光學（低度近視和老花眼）缺陷患者的視覺功能。

實驗參與者被要求每週至少練習三次，每次練習約 30 分鐘，在背景色調與目標物十分相似的情況下找出特定小圖像，隨著時間過去，受試者逐漸可以更快且更準確地找出那些圖像。實驗結果發現不需要靠改善眼睛的光學性能（調節、瞳孔大小或焦距），僅依賴知覺學習可以提高老花眼患者的視力、對比敏感度與小寫字母的閱讀速度。在某些情況下，與年輕對照組表現水平相似。

換言之，眼睛還是一樣的缺乏彈性、難以聚焦，在問題沒有改變的前提下，研究人員也覺得很疑惑，並沒有改變了什麼光學性能，到底發生了什麼改變？研究人員推測應該是「去模糊化」，讓視覺系統得以適應影像模糊，改善無法看見小細節及難以進行對比辨識的問題。該研究提供的證據顯示人們雖然隨著年齡增長，視覺系統會失去調節能力，這是衰老過程中不可避免的結果，但有可能透過克服與延緩老花眼的不良影響的方式，藉此改善老齡化人群的生活質量。

假設各位覺得還是不太懂這個研究的意思，那麼讓我們以 Google Pixel 7 手機為例，該手機推出了一個相機功能，可以將模糊的照片變得清晰，一般這種調整照片清晰度包括白平衡、亮度、色調、找回焦點、銳化影像，以及去模糊工具等更專業的照片編輯功能完成；當眼睛對焦的功能不行時（如同手部震動影響

照片模糊，或者是手機相機的對焦功能壞了），大腦事後還是可以運用這些後製軟體來進行修正 [17]。

● 跳脫舒適圈，展現強大的適應力

人類的身體喜歡追求穩定與安全，因此我們的心跳、血壓通常會維持在一定的數值，即便偶然性的運動、外部事件的刺激導致心跳、血壓的波動，也都是暫時性的，當運動與外部刺激結束，心跳、血壓也會回歸平穩狀態。然而，人的身體面對不同的壓力時，將會打破現有的衡平現象；像是男性剛從大學畢業，如果沒有考上研究所就要入伍當兵，當兵必須要有強度極高的體能才能面對各種戰場上的各種挑戰，譬如說晚上扛著重裝備進行急行軍，在敵軍還沒睡醒前就打個敵軍措手不及；因此，必須透過長時間的訓練，像是海軍陸戰隊的天堂路、空軍防砲部隊的砲操等等，讓菜鳥新兵的肌肉變得更強壯，跳脫原本的瘦小舒適圈，與外界更大的壓力成為新的衡平狀態。

在面對各種考試與學習的過程，會有書讀不完的壓力；面對此壓力的同時，大腦也會不斷地重建自己舒適圈的範圍，跨出舒適圈，逐步地挑戰極限，你會發現只要訓練自己跳出舒適圈，與更大的壓力取得新的平衡，自己可以表現得更好，可以讓原本懶惰的你變得積極又勇敢。因此，走出舒適圈，讓自己從根本開始改變以因應外在環境的變化。

● 目標、獎懲、熱情

相信大家都有聽過，長跑的時候，大腦會釋放腦啡肽，一種劑量不會太多，但也會讓你忘卻身體的疲憊，會感覺到很舒服的

 17 安德斯．艾瑞克森、羅伯特．普爾，《刻意練習》，第 78~79 頁。

成癮感，這種化學物質可以鼓勵人們願意繼續跑下去。

　　我們一般人都是被動的狀態，能夠坐就不想要站、能夠躺平就不想要走、能夠放假就不會想上班。考生也是一樣，誰想要花時間看成堆的書籍、複習不完的考題？在違反人性的前提下，是否能夠讓人們主動願意看更多的書籍、練習更多的考題呢？

　　想要考取證照或公職，往往必須歷經漫長的煎熬，唸了幾個月，每天在理解、記憶、練習的反覆循環，過程充滿了挫折，原本想要立即考上的熱情都被一波波倒在頭上的冷水逐漸地澆熄，有時候起床眼睛一張開，看著泛白的天花板，懶懶的不想起床唸書，這時候該怎麼辦？

　　首先，把一天唸書的時間縮短，譬如說原本規劃下午唸書 4 小時，4 小時的長度可能把自己的意志都磨損掉了，甚至平日要上班，假日只想好好休息，如果早上、下午、晚上都排了很長的唸書時間，很容易彈性疲乏，消磨掉自己的意志力。

　　首先，先減少為只唸書一個時段，例如設定 1 小時的唸書目標，當完成 1 小時的閱讀，就犒賞自己喝一杯冰咖啡，讓自己因為被鼓勵而逐漸喜歡上唸書。不過，獎勵只是外部的鼓勵措施，最重要的還是要激發自己的內在熱情，這樣學習時間變長也不會覺得辛苦，反而會不斷地學習下去且甘之如飴。

　　不過，熱情也不是這麼容易點燃的。你可以回想國中學習理化、英文的情況，老師右手拿紅蘿蔔、左手拿棍子，恩威並施，這都只是讓學生乖乖聽話的方法，這種外部控制的手段只是暫時性，不適宜長期性的實施，必須要儘早內化。

所以我們必須找出學習過程中的樂趣，像是一開始學習財報是非常無聊的事情，即使老師給了 98 分的紅蘿蔔，也只是緩解學習過程中的痛苦，或者是怕被當掉只好半夜爬起來苦讀，這些都不是發自內心所為，面對一堆又一堆枯燥無趣的報告，要一直計算找出異常點，依然還是不想要繼續研究下去。

但是當你發現可以找到壞股票，發現企業經營者隱匿不為人知的手段，此時自己像是柯南再世一樣的厲害，這種期待自己成為神奇經典人物的渴望、眾人讚嘆的聲音，就可以成為學習的內在熱情。這時候我研究的目的不再是 98 分的紅蘿蔔，也不是避免被當掉的煩惱，而是追求受人引領仰望的高度，或者是賺取大把鈔票的渴望。

這就像是原始世界中，演化後的基因催促著人們去追求權位、尋找豐富的食物，人們必須要不斷挑戰極限，讓自己逐漸脫離原本的舒適圈而強大，但在激發出內在熱情之前，也不能一次把自己逼離舒適圈太遠，給自己太大的壓力有可能會有反效果。

只要激發出熱情，就不必擔心辛苦二字，熱情將會推動你自發追求進步，因為整個過程都變成探索奇妙島嶼的新鮮感，充滿了探索未知世界的快樂；探索未知是我們的天性，遠古時代不願意探索的人類可能會找不到食物而餓死，唯有往新世界發展才能找到更多的資源，像是地球資源未來也將無法滿足近百億人口，到時往外太空發展將是必然的選項，所以只要能探索未知，那這就是我們與生俱來就有的驅動力。

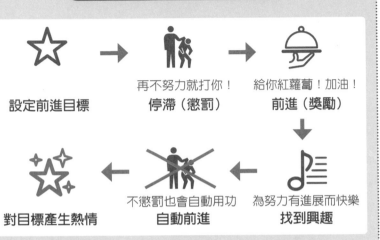

◎ 將大目標拆解成容易達成的小目標，會因為比較容易達成而有成就感，並刺激持續往前的動力。

◎ 當達成小目標時，就給予小小獎勵，會讓大腦喜歡上這一個小目標，逐步形成正向循環的成就感。

◎ 獎勵措施帶給外在的快樂能讓自己勇於脫離舒適圈，但不要一下子脫離太遠，可能會「呷緊弄破碗」——事情本可做得很圓滿，有時卻因操之過急，反而功敗垂成。只有激發出內在熱情，就可以不必太擔心脫離原本舒適圈太遠的問題。

◎ 在學習過程中找出自己有興趣的事物、探索未知，並藉此激發自己的深度熱情。

⬆ 關鍵重點建議

● 善用公眾的讚許聲

當你累積到一定目標，如連續 14 天唸書不中斷都有完成，就犒賞自己買個小禮物，例如一頓美食或是放自己一天假，並且讓自己的成果透過臉書、IG 分享給公眾，讓大家知道你又達成目標了，藉由大家回饋的「按讚」當作獎賞，讓自己更有後續學習的動力。

有獎賞當然就要有處罰，可以在臉書公開宣示自己的誓言，譬如說連續看書 14 天，每天 3 小時，沒做到就直播伏地挺身100 下；讓公眾的力量來督促自己達成目標，為了避免處罰，也會嚴格地自我要求。

不過，邊際效應也會遞減，網友們也不會一直盯著你的臉書看，如果你的臉書觀眾太少，這種利用輿論的力量就效力不大，況且久了大家也不想要管你唸書有沒有中斷這件事情，如果按讚的人愈來愈少，說不定還會影響自己前進的動力。

● 善用規避極端的菜單

更換菜單的原燒

最近我到王品集團旗下的烤肉店「原燒」用餐，發現不再是單一價格，而是出現不同等級的價格，雙人套餐大致上可以分成下列三個等級的套餐（如右圖）。

你會選哪一種呢？

到原燒消費的顧客應該屬於中產階級，喜歡大碗划算，但又希望不是廉價等級，搭配人性會「規避極端」，所以一般來說會

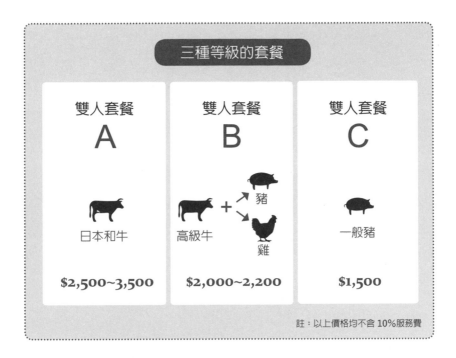

三種等級的套餐

雙人套餐 A	雙人套餐 B	雙人套餐 C
日本和牛	高級牛 + 豬 雞	一般豬
$2,500~3,500	$2,000~2,200	$1,500

註：以上價格均不含 10% 服務費

挑選 B 套餐。在最近的消費經驗中，服務人員會建議「最多人點的」牛搭配豬（雞）套餐，雙人不含稅價格 1,998 元。

為什麼不推薦最高等級的和牛套餐呢？

個人推測可能有下列因素：

◎ **推薦最貴套餐，容易引發顧客負面情緒。**

◎ **建議「最多人點的」能發揮「從眾效應」，消費者應該會偏向於選擇該套餐。**

「最多人點的 B 套餐」就是業者的主要目的，相較於早期一個人固定消費約 700 元，兩人加起來不過才 1,400 元；透過上開選擇策略，可以讓上列消費金額提升為 2,200 元，整體增加約

800 元，最便宜的 C 套餐也只有 1,500 元，也可以讓消費者覺得沒有漲價太多，但我想要選擇 2,200 元方案。總之，透過價格設計的菜單，就可以讓整體營收增加近六成。

菜單種類	選項	顧客選擇%
傳統菜單	高級牛 700 X 2 = 1,400	100%
修正菜單	普通豬　1,500 元 高級牛　2,200 元 和　牛　3,000 元	20% 70% 10%
	1,400 元→ 2,200 元 營業額提升	

↑ 餐廳菜單價格之設計與顧客選擇比例

如果有十組客人，傳統菜單營業收入如下：

$$10 \times 1,400 = 14,000 \text{ 元}$$

修正菜單，營業收入有沒有大幅度拉高呢？

套餐 A：1,500 X 3 ＝ 3,000
套餐 B：2,200 X 7 = 15,400
套餐 C：3,000 X 1 ＝ 3,000
總計：3,000 + 15,400 + 3,000 = 21,400

相較於原本的 14,000 元，營業收入大幅度成長了約五成，一般人選擇是中間「高級牛」，價格比以前高出大約四成，但因為最便宜的「一般豬」比較便宜，消費者也不會覺得漲價很多，就達到增加營收的目的。

增加學習量，又不會感覺到痛苦的「作業菜單」

　　當老師的有時候覺得學生的學習量太低，希望調高學生的學習量，可是又擔心學生反彈，畢竟哪有學生希望回家作業寫不完，都希望回家作業愈少愈好。

　　可是要面對考試，足夠量的練習總是免不了的，老師可以參考原燒套餐的策略，把原本單一選項變成三個選項，並且暗示第三種對未來考高中的幫助效果很差，而且暗示能吃苦耐勞的人、最多人選擇的是第二個選項，老師希望同學選擇的是中間的第二個選項，利用「規避極端」、「從眾效應」的心理策略，應該會有不錯的效果喔！

● 分享的三大過程

　　還有另外一招，就是勇於請益、主動分享給同學。

　　許多國中生、高中生，或者是國家考試的考生解不出來的問題，不知道可以問誰，內心又很害羞，可是問題累積久了，破洞就會愈來愈大；反之，自己好不容易學會的知識，只希望獨享，不想分享給別人，所以大部分人都是自己悶著頭唸書。

　　如次頁圖示，自己建立的知識體系，需要透過外界的反饋不斷進行修正，第一點就是有問題就勇於向外界請教，透過老師、同學的指導來解決問題、修正自己的知識體系；此外，透過主動分享，把資訊吸收消化之後，然後加上自己的看法，再分享給別人。有關分享的具體做法，後面有針對「分享」的專章進行細部討論，在此先暫不論述。

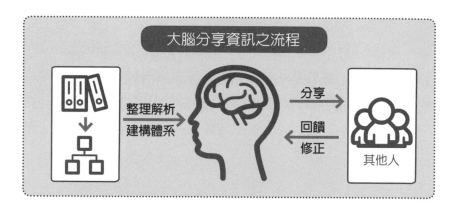

大家或許會擔心，把自己的獨門暗技就這樣子分享給別人，別人不就超越我了!? 這在競爭類型的考試中應該並不是好事情吧！

分享是一個知識整理解析、建構體系後，才將最後的結果分享給對方，並且還可以贏得對方的回饋，讓自己的知識更完備；反之，被分享的對象只是獲得知識的結果、資訊的堆積，並未能歷經知識整理解析、建構體系、分享回饋的三大過程，唯有勇於分享的人才能享受這三大過程對於自己學習力量的改造。

重點摘要

1. 大腦具有可塑性，走出舒適圈，利用外界壓力創造新的平衡，讓大腦成長。
2. 建立目標後，利用獎懲機制讓自己前進，並激發個人內在熱情，有持續的動力可以繼續前進。
3. 善用公眾的讚許聲，也可以利用「規避極端」、「從眾效應」的心理策略，激勵自己持續向前學習。
4. 利用分享的好處讓大腦能歷經知識整理解析、建構體系、分享回饋的三大過程。

13

練習具體化的功夫

● 抽象具體化：媽媽的幸福

> 媽媽與嬰兒好幸福的樣子。

看到這一段話，你有什麼感覺？

是否很難在大腦中產生圖像？

原因很簡單，這一段話描述的方式「好」、「幸福」是「抽象」的詞句，就像是三義山區的霧氣一樣，感受不到實際的樣子；人性通常懶得去具體描述，而是用一兩個抽象詞句來描述，抽象詞句沒有辦法在讀者的大腦中模擬出具體形象，他們就很難體會到有多幸福。

作文也是一樣，很多人寫的作文都是充滿著抽象的形容詞：好累、好快樂、很美好、很美麗、好冷、好熱等，對方很難在聽完這些語句後在腦海中產生圖像，閱卷者無法模擬出你想要給的情境，自然很難拿到高分；因此，如同電影「全面啟動」的造夢者一樣，必須在對方大腦中建立一個具體的畫面來取代抽象的描述，讓別人進入我們的文字幻境中，才能讓對方感受到想要表達的內容，並且產生共鳴而獲得高分。

抽象	具體
好累	好累，眼睛充滿血絲
好快樂	好快樂，像超級瑪莉跳起來
好冷	天氣冷到，剛剛我在外面一尿尿，就結成冰柱了。

讓我們換一個方式來描述：

> 「媽媽把甫出生的寶寶抱在懷裡，寶寶頭頂帶著點胎毛、黃頭髮的嬰兒正閉著眼睛、雙手緊抓著奶嘴，配合著呼吸吸吮著奶嘴，一口一口地滿足的樣子。媽媽看著懷抱中熟睡的寶寶，右手輕輕地撫摸他臉頰和帶點福氣的小耳朵，那帶點肥碩小肉的小耳垂摸起來還真是一個舒服的小肉球。」

看完這一段描述，是不是腦中很自然地浮現出媽媽與寶寶的一幕？「胎毛黃頭髮」、「閉著眼睛」、「緊抓奶嘴」、「吸吮奶嘴」、「撫摸臉頰」、「肥碩小肉」、「小肉球」等都是具體的形容詞，可以在大腦中形成具體的畫面，讓讀者能夠很容易地進入到寫作者想要創造的虛擬世界中。

唯一的缺點大概就是描述的過程比較花時間。對於花時間的問題，畢竟總不能每一個細節都詳細描述，這時候還有一個技巧可以善用，就是讀者的既有經驗，讓描述的內容更簡略，譬如說看過漫畫「灌籃高手」櫻木花道的故事，只要提到「櫻木花道摸安西教練的下巴」，若是有看過「灌籃高手」的讀者，腦中就會自動跳出櫻木花道摸安西教練下巴的畫面。

項目	聽者無經驗時	聽者有經驗時
描述方式	需要完整描述	僅用關鍵字就可喚醒別人的記憶，如同拉起對方的記憶肉粽線頭，一拉記憶都覺醒。
範例	櫻木花道跳到教練的旁邊，抓住教練肥碩的下巴摸啊摸的，教練也毫不生氣，就讓櫻木花道像是摸小貓小狗一樣的隨意摸下巴。	櫻木花道摸安西教練的下巴

因此，如果是大多數人都有的經驗就不需要再詳細描述，可以使用提示句，讓對方搜尋自己的大腦，找到相關聯的畫面。

再舉一個例子，你有看過湯姆漢克斯擔任男主角查克的電影「浩劫重生」嗎？

男主角查克因為遇到空難而獨自一人在荒島上生活，由於無人可以一起聊天，為了排遣寂寞，於是將一起漂流到小島上的排球畫上眼睛與嘴巴，還有直立的頭髮，稱呼他為「威爾森」。

假設這部電影普遍為眾人所知曉，每個人都應該會知道「威爾森」，假設小毛的臉就像是威爾森一樣，我們想要透過文字來描述小毛的臉，不需要詳細描述如「小毛滿臉通紅，頭髮豎立起來像是一撮一撮的稻草」，直接形容為「小毛的臉如同電影『浩劫重生』中的威爾森一樣」，這時候閱讀者大腦的運作流程大約會是以下的步驟：

看到「小毛的臉如同電影『浩劫重生』中的威爾森」的文字敘述。

讀者在大腦中搜尋「威爾森」，找到後提取圖像。

大腦依據圖像模擬出小毛可能的長相。

在 2000 年看過該部電影的朋友對「威爾森」會有印象，並且輕鬆地在大腦中產生圖像，但是跨世代的年輕人可能沒有看過這部 2000 年的電影而想不出來誰是「威爾森」，進而無法模擬「威爾森」的長相如何。

　　此一描述的過程，直接引用一段對方大腦應該存在的內容，並利用該內容去觸發對方提取相對應的記憶，可以節省許多細節性的描述，省去許多因為描述所耗費的功夫與時間。

　　善用讀者的既有經驗，讓描述的內容更簡略，只需要給對方一個肉粽線頭，對方會自行將大腦中一樣的肉粽線頭相關資訊提取出來，這樣子就不需要把內容一一描述出來。

　　記憶也是一樣，很多都是「利用已知記未知」，譬如說數字圖像卡，35 代表珊瑚，腦海中如果沒有珊瑚的樣子，則 35 代表珊瑚就沒有意義，必須植基於自己曾經有過的經驗，才得以在此基礎上發展。

　　從人類歷史演化的過程中，人的大腦對於沒有意義的抽象文字、數字並不擅長產生反應，所以我們若是想要記住抽象的文字、數字，就必須把這些抽象內容具體化。

● 具體化訓練：上完課後的讚美

　　我一年開設大約近 40 場「知識流動之旅」的課程，範圍從法律、國考、學習力、數據分析、人際關係、演講技巧、作文撰寫、投資理財、不動產交易等內容，因為不收費，課程內容都是最新研究成果，如果在外面付費學習，3 小時的課程可能都要花上至少 3,200 元。

　　最近還會撥 30 分鐘分享「記憶宮殿」的課程，外面有一些人也開設類似課程，收費都是上萬元或數萬元之譜，而我不只是快速教會學員，還教他們原理與實際生活中該怎麼運用。

每次上完課，很多同學都會表達感謝。（見下表）

同學回饋	說明
謝謝老師今天的教學！	大多是主觀的感受，像是收穫良多、受益良多、太棒了、非常實用、立即見效
謝謝老師的教學，收穫很多	
謝謝老師，受益良多	
謝謝老師，能上這堂課真的太棒了……	
謝謝老師的講座，非常實用，也立即見效！	

⬆ 簡單等級的感謝內容

　　這一些簡單等級的感謝內容，雖然看到了還是很開心，但這種開心還不到打進內心的程度；如果能夠更具體，可以讓我的大腦中產生一些畫面，就可以讓我真正從深層發出喜悅之情，因此我常常向學員分享該如何讚美：將讚美的內容具體化，對自己的生活很有幫助，不管是作文寫作、簡報製作、企劃撰寫等，都可以大幅度地提升質量。

　　大家都常聽過 5W1H 六何分析法，可以讓我們在面對問題時，有一個思考的脈絡，包括從為何（Why）、何事（What）、何地（Where）、何時（When）、何人（Who），以及何法（How）；同樣地，一個完整的感謝，應該具備下列項目進行撰寫。

1. 主體：上課的 XXX 內容有幫助
2. 客體：對我的什麼能力或正在學習的項目有幫助
3. 程度：能產生什麼程度的幫助
4. 主觀感受
5. 其他

　　有些學生的讚美內容就比較豐富了，但這些內容雖然豐富，卻仍只是抽象而還不到具體化的內容。（見下表）

同學回饋	說明
謝謝老師今天的教學，加深對法律體系的建立	1. 對特定學習之效果，指出對「法律體系」的學習有幫助
老師的記憶方法超好記的～期待老師下次的課程及新書喔～	1. 上課內容描述，指出上課內容的「記憶方法」有幫助
謝謝老師的耐心指導，我回家會努力讀書的	
感謝老師，讓我在短短2小時內對民法總則的條號、架構、關鍵字整個串連記憶起來，受益良多，祝您中秋佳節愉快	1. 對特定學習之效果，指出對「條號、架構、關鍵字」學習有「串連記憶」的幫助
	2. 主觀感受：受益良多
謝謝老師的陪伴和教導引領，激盪腦力，增加記憶力，不會忘耶！棒（很棒）」	1. 對特定學習之效果，指出對「激盪腦力，增加記憶力」有幫助
	2. 不會忘
	3. 主觀感受：棒（很棒）

⬆ 豐富等級的感謝內容

　　還有一些同學，除了能寫出豐富感謝內容之外，還會認真思考這一堂課有什麼內容、特點，對自己缺乏的能力又有哪些幫助、有什麼程度的提升，在主觀上對於這一次課程有什麼想法嗎？是否有想要給老師的話呢？

　　如果能夠想到這些，代表思考層面比較完整，未來在學習與工作上比較不會掛一漏萬，更能面面俱到，讓我們來看一下描述比較多的同學，是如何分享其內容。（註：以下內容均是 Line 國考群組摘錄，僅有一些名詞、錯字上的修正）

同學回饋	說明
謝謝老師分享肉粽理論和記憶宮殿，再加上口訣很有梗，對於體系化的記憶方式快速又到位，真是收穫很多，感謝老師	1. 上課內容描述，指出「肉粽理論」、「記憶宮殿」、「口訣」 2. 對特定學習之效果，對「體系化記憶」的學習有幫助 3. 課程描述，指出對學習有「快速又到位」的幫助 4. 主觀感受：收穫很多
今天是我第二次上老師的課。上完之後更加深對民法整個體系的認知。老師會用生動有趣的方式解釋，也會隨時抽問條號，讓我想忘記也難。謝謝老師無償的傳授知識，有問題也都可以隨時發問，老師都會即刻解答，真是佛心來著。如同老師所說，回家還是要練習大腦的提取方式。謝謝老師	1. 對特定學習之效果，指出對「民法體系」項目的學習有幫助 2. 課程描述，指出隨時抽問條號、無償傳授、隨時發問與即刻解答 3. 主觀感受：生動有趣、佛心 4. 其他：第二次上
老師今天的教學，藉由圖像及路徑的方式，讓我很久沒有碰的民法，能夠在短短幾個小時，重新建立了體系，似乎也喚起了之前的記憶，藉由老師教的模式（如92條，聯想92共識，意味著受到對岸的詐欺及脅迫），期盼也可以套用在其他考科上。…… 上次有學到老師教的監獄行刑法，讓我藉由口訣及聯想，能夠更快速地複習，謝謝老師無私的奉獻，萬分感激！	1. 上課內容描述，指出上課內容「藉由圖像及路徑的方式」、「監獄行刑法口訣及聯想」、「92共識」 2. 對特定學習之效果，指出對「民法體系」的學習有幫助 3. 課程描述，提及短短幾個小時 4. 效果描述，指出快速複習 5. 主觀感受：無私奉獻、萬分感激
今天第一次上老師的課，生動有趣，不會要我們死背法條，而是用連貫舉例的方式來加深印象。課程結束後，腦海還一直浮現，法條的條號及內容。下次有其他課程，我也會再參加，真的很推薦。謝謝老師及助教，受用很多	1. 上課內容描述，不會要求死背法條、連貫舉例加深印象 2. 課程描述，提到生動有趣 3. 效果描述，提出課程結束後，腦海還一直浮現法條條號及內容 4. 主觀感受：真的很推薦、受用很多 5. 其他：第一次

⬆ 打動人心等級的感謝內容

● 法律條文具體化：加入故事情節

　　史丹佛大學的研究人員針對「敘事」對於記憶的影響做了一項實驗：實驗中，研究人員要求兩組學生學習與記憶十二組單字，每組單字包括十個隨機的名詞。對照組採用死背與反覆背誦的方式來幫助記憶，另外一組學生稱之為敘事組，必須要將每組單字編個有意義的故事；接著，研究人員要求學生回想那十二組單字，敘事組記得的數量是對照組的六、七倍之多 [18]（如右圖）。

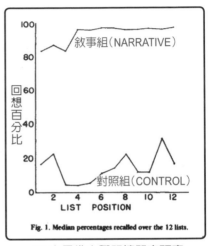

⬆ 史丹佛大學記憶單字研究

　　法律條文內容都是抽象文字，像是行政法第 92 條第 1 項之規定「本法所稱行政處分，係指行政機關就公法上具體事件所為之決定或其他公權力措施而對外直接發生法律效果之單方行政行為。」其中所提到的公法、具體事件、決定、公權力措施、法律效果、行政行為等詞彙，並沒有具體人事時地物，因此對於大腦來說很難產生情境，想要把條文記下來，就如同背誦電話號碼一樣會很難記起來。

　　因此，我通常在介紹法條時，會分享一些故事、實務案例的方式來提升學員的記憶力；同時，會提醒學員如果看不懂條文，就去找一下著名的經典案例，透過故事、影像情境來加速對於條文的理解，並且強化對於條文的記憶。

---

18 Narrative stories as mediators for serial learning，https://www.researchgate.net/publication/232549160_Narrative_stories_as_mediators_for_serial_learning。

例如右圖為《圖解刑法：國家考試的第一本書》中的癖馬繞韁案，透過有畫面的故事來解釋條文。

　　接下來舉三個刑法脫逃罪的條文：

◎ 刑法第 161 條第 1 項：依法逮捕、拘禁之人脫逃者，處一年以下有期徒刑。

◎ 刑法第 162 條第 1 項：縱放依法逮捕拘禁之人或便利其脫逃者，處三年以下有期徒刑。

◎ 刑法第 163 條第 1 項：公務員縱放職務上依法逮捕、拘禁之人或便利其脫逃者，處一年以上七年以下有期徒刑。

　　讓我們先從電影「不可能的任務：鬼影行動」談起，這部電影男主角伊森・韓特由湯姆克魯斯主演，電影從莫斯科監獄脫逃的一幕開始。伊森・韓特算是自願地躲在莫斯科的監獄中，一開始百般無聊地玩著一顆球，不斷地丟到牆壁，靠著牆壁反彈的力道，又彈回手中後接住；接著劇情轉到伊森準備要逃獄，在過去夥伴的配合下，硬是把伊森・韓特從監獄撈出來，一個鐵門又一個鐵門的逃離……

　　如果你看過這一部片，自然就可以把刑法第 161 條第 1 項脫逃罪的構成要件記起來。

◎ 依法逮捕、拘禁之人：伊森・韓特。

◎ 脫逃：闖過一個又一個鐵門而逃出監獄。

◎ 縱放脫逃、便利脫逃：伊森的夥伴在監獄外面將門爆破，逃出監獄大門。

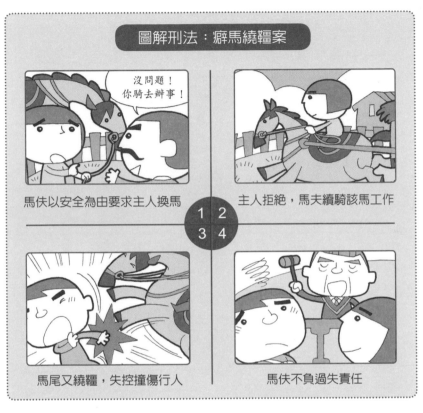

當你回想這一個條文時，大腦可以先進入伊森 · 韓特逃離的畫面，然後回想起條文的內容。

第二個條文，刑法第 162 條第 1 項，縱放依法逮捕拘禁之人或便利其脫逃者，處三年以下有期徒刑。

關鍵字設定為「縱放」、「便利脫逃」的行為，可以加上一個橋段，伊森 · 韓特過去的夥伴，爆破監獄大門而毀損，牆上破了一個大洞，然後帶著伊森透過這個大洞逃出監獄，駕駛著汽車疾駛逃離。

　　第三個條文刑法第 163 條第 1 項，其內容為：「公務員縱放職務上依法逮捕、拘禁之人或便利其脫逃者，處一年以上七年以下有期徒刑。」

　　關鍵字可以設定為「職務縱放」，在記憶法上可以搭配剛剛的劇情，伊森的夥伴買通監獄管理員，雙方很有默契地笑著，監獄管理員收起賄賂的錢，原本在職務上應該要把伊森關起來，但被買通後反而拿出鑰匙、打開監獄房門，並且還主動安排接應的車輛逃離。

　　再加上一些故事情節對比，本來抽象、枯燥無味的法律，頓時像是在看電影情節一樣，大腦想像力比較豐富的讀者，還可以自行竄改劇情，各種變化都可以在自己的大腦中展現，更有助於條文的記憶（如上圖）。

● 法學實證研究領域的出現

法律人擅長講空話

　　大多數 Line 群組的學員不太瞭解我所謂的讚美具體化，長期要求下來，看到的內容還是抽象，代表同學似乎不太懂抽象到具體的差別，這對法律的學習不是一件好事，像是正義、公平等名詞都是抽象名詞，法律人如果一直用抽象名詞來分析，好像講到了核心，又似乎什麼都沒講到，就會淪為大家所說的「空話」。

　　因此近年來才有所謂的「法學實證研究」的領域，猶如傳統經濟學與行為經濟學的轉折變化，透過數據分析、統計學來解析一些法律案件的現象，像是娃娃臉的被害人是否會判比較多賠償金？有請律師的勝訴機率會比較高嗎？

老人犯罪的趨勢

　　訴訟案件的分析，對於司法政策有極大的幫助。我們來講一個有趣的議題好了，69 歲的日本人高田敏夫剛剛刑滿被釋放，但這已經不是他第一次犯罪，首次進監獄的時候 62 歲。當時，他故意偷了一輛自行車，然後直接就騎到警察局自首。

　　為什麼會這樣子呢？

　　日本可以說是老年人的地獄，人不怕活得短，就怕活太長又沒錢，如果你看過一些探討日本社會議題的書，像是著名的《下流老人：即使月薪 5 萬，我們仍將又老又窮又孤獨》，會發現日本很多老人的退休金不夠用，扣除掉租金、貸款、醫療費、稅

金、看護費用等基本生活開銷，每個月根本沒錢可供花用，所以很多老年人繼續去工作，希望儘量不要靠社會救助。然而，隨著老年人年齡的持續增長，卻發現很多體力活已經做不下去了，萬不得已只好打起了犯罪入獄，吃起免費牢飯的打算[19]。

依據我國 2022 年第 30 週的警政統計通報 ，2022 年 1 至 6 月犯罪人口率以青年每 10 萬人口 1,047 人最高，老年 234 人最低；老年以「竊盜」案 48.62 人最高，20.78%（以 48.62 除以 234），占比為增加 3.21 人（主要為竊盜案增加）[20]。其次，查看歷年的相關數據（因資料散亂，下述資料不易閱讀）。

年度	說明
2002 [21]	◆臺閩地區警察機關查獲涉及刑案之老年嫌疑犯人數為 4,194 人，相較去年（2001）增加人數為 1,538 人（+57.91%），如剔除違反選罷法案件，則較 2001 年增加 4.71%。 ◆老人涉案類型以違反選罷法 1,635 件（占 38.98%）最多，如剔除違反選罷法案件，則以普通竊盜案 457 件（占 17.86%）居首，賭博案 382 件（占 14.93%）第二，傷害案 374 件（占 14.62%）居第三。
2011 [22]	◆老年嫌疑犯人數（不含選罷法案件）7,056 人較 1996 年 4,703 人增加 2,353 人（+50.03%），平均每年增幅達 10.67%。 ◆老年嫌疑犯 7,056 人，其中涉案類型以賭博案 1,475 人（占 20.90%）最多，公共危險案 1,351 人（占 19.15%）第二，普通竊盜案 1,098 人（占 15.56%）第三。

⬆ 警政署老年犯罪歷年的相關數據

19 〈日本老年犯罪：老人寧願鐵窗度日的深層悲情〉，https://www.bbc.com/zhongwen/trad/world-47094171。
20 〈警政統計通報（111 年第 30 週）〉，https://stat.ncl.edu.tw/showBulletinFile.jsp?p=1.924063461E9。

　　國內有關於 65 歲以上老人公開的犯罪統計數據並不是那麼完整，而且很難進行年度性的比較，不過我相信主管機關應該會有比較細密與完整的資料，若是能分析 65 歲以上老人普通竊盜罪的比例是否逐年增加，增加原因是否與經濟因素有關？如果有關聯性的話，從經濟方面著手，也許可以成為降低老人犯罪率的一帖良方。

　　數據也是具體化的方式之一，但考生對於數據分析並不是很熟悉，也許通過相關考試之後，可以來上上看我的數據分析課程，應該也蠻有趣的；假設還不會使用數據來具體化，那麼可以從生活上的點滴入手，還是有許多可以練習的地方，譬如說妳很漂亮，這就是抽象的形容詞，具體的方式就很多種，像是「你就像是出水芙蓉的美」，一般人會難以想像，還不夠具體，改成「你的臉像水煮蛋一樣零瑕疵，又 Q 彈」。

抽象	具體
你的臉很漂亮	你的臉就像是出水芙蓉的美
你的臉長得像西施（聽者未必看過西施，不知道西施長相如何）	你的臉像水煮蛋一樣零瑕疵，又 Q 彈

⬆ 抽象事物具體化之形容方法

　　這種能力在記憶法、作文、法律分析……等議題上都很重要，這也是每次上課結束後，我會要求同學把稱讚的話具體化，這是一個平日就該有的練習。大多數人懂了記憶法卻不會運用，通常是無法把抽象物體具體化；大多數人作文寫不好，因為不能像是電影「全面啟動」的造夢者一樣，透過具體描述的文字帶領

21 〈參照老人犯罪概況（2002）〉，https://stat.ncl.edu.tw/detail.jsp?p=0,-1.730708673E9。
22 〈老人犯罪概況　（2012）〉，https://stat.ncl.edu.tw/detail.jsp?p=7,-1.149763748E9。

閱讀者進入一個世界；或者是當我們提出法律主張來辯解時，「他的月收入僅 5,000 元，符合低收入戶資格，所以他很窮」相較於「他很窮」這三個字，顯然有說服力多了。

讓我們每天一句，練習一下讚美別人的具體說詞吧！

重點摘要

1. 抽象具體化符合大腦學習的運作模式，可以讓讀者的大腦中模擬出具體形象。
2. 善用讀者的既有經驗，「利用已知記未知」，可以簡化具體描述的功夫。
3. 利用圖像、案例來強化法律條文的學習。
4. 嘗試著將讚美具體化，不要只是單純的形容詞，描述對方優點的具體內容。

14

限時閱讀

● 還剩下很多時間，可以慢慢來的心態

　　各位是否有過這樣的經驗：安排假日下午時間來學習，希望過一段時間能考上 XX 證照、XX 國家考試，順利翻轉自己的人生，但是看到手機在身邊，不自主地就會滑一下，結果一個下午看書的時間還不到半小時，人生就這樣子滑掉了。

　　除了手機、網路很吸引人的原因之外，「還剩下很多時間」的想法提供自己可以滑一下的理由；「還剩下很多時間」的想法是因為安排了一整個下午的時間看書，一整個下午扣除掉吃飯、午休，還有 5 個小時，這麼長的時間，大腦少了急迫性，很容易出現「等下再開始好好唸書」的想法，一拖再拖，書總是無法提前唸完，養成了「拖」的習慣。

　　如果修正成只唸 100 分鐘的時間，也就是每一個時段縮減為 1 小時 40 分鐘，從 5 個小時降低成 1 小時 40 分鐘，頓時有了時間上的緊迫感，「哇！只剩下 99 分鐘可以唸書」，就會趕緊把握時間，比較不會浪費時間在滑手機、打手遊，讓學習更有效率。

● 善用外在科技工具提升急迫性

　　很多人會用鬧鐘來提醒自己剩餘的讀書時間，我自己抓緊時間的方法蠻特別的，就是用「筆電電量」來限制學習與打字的時間。早期的筆電大概只能撐 2 個小時，到了 7-11 打字又要買一杯飲料，飲料成本花下去了，當然得好好利用這 2 個小時的時

間，雖然才短短的 2 個小時，時間並不長，但是效率極高；換言之，花了「飲料成本」，輔以「筆電電量」限制完成時間，我會趕緊把設定的工作量在這一段「筆電電量」時間內完成。因為當筆電沒電了，就算想也無法工作了。善用筆電剩餘電量的時間壓迫感，整個效率令人非常滿意。

話說當時 2 小時電池容量的電腦，到現在也換了幾台筆電，隨著電池科技的進步，今日的筆電電池續航力長許多，動不動就5 個小時，甚至是更長時間，這時候就要調整戰略，平常在家的時候不要插電，工作 2、3 個小時之後，剩下的電力已經不多，可能只剩下 50%；當工作的效率又開始下滑時，就可以帶著這台剩下 50% 電量的筆電移轉陣地到 7-11，支付「飲料成本」，輔以僅剩下 2 個小時的「筆電電量」，讓時間的壓力來提升自己的工作效率。

● 善用角落時間

為什麼我將擠壓出來的零碎片段時間稱為角落時間呢？

我在當兵的時候為了能在退伍後立即插班上法律系，所以學會了如何擠壓出時間唸書，因為每天都有工作勤務要做，常常利用一些空閒時間，躲在沒有長官看到的角落偷偷地看書，因此我才稱之為「角落時間」。

大多數國家考試的考生都不是專職考生，而是平日要上班，只能利用下班時間或假日才能準備考試的情形，但下班晚上已經很累，假日也想要休息，即便咬牙下去，也會覺得準備時間遠遠不夠用。因此，就有必要將自己工作的間際，還有一些固定作

息，運用一心二用學習，把這些角落時間組合起來，也可以變成一個可觀的時間。

　　當兵的工作很固定，大概就是清掃衛生、搬貨等雜事，當事情簡單又固定時，就可以將大腦開啓為「自動巡航模式」，身體在工作，但是有部分的大腦在學習新事物；一心二用並不適合太燒腦的思考活動，比較適合背法條、單字，或者是複習昨天學習的內容，以及猜想今天晚上看書會學到什麼內容。

　　我通常在前一天晚上會把要背的單字、法條關鍵字先抄寫起來，變成一張張的小字條放在口袋中，隔天當進入固定工作項目、開啓「自動巡航模式」後，就開始回想昨天抄寫了哪些英文單字與法律條文，並且嘗試用英文單字想一些對話的句子，以及法條可能適用的實務案例。如果不順的話，再拿出口袋中的小筆記回憶，或者是利用口袋中的筆將自己的疑惑記錄下來，等到晚上再去找答案。除此之外，也可以回憶一下前一天晚上學了哪些東西，並預習今天晚上要看的內容。

大家或許會很疑惑，手中沒有書本要如何預習呢？

　　我通常會把今天要看的大綱瀏覽一遍或者是寫個大概，然後猜想這些大綱會有哪些內容。譬如說民法親屬篇離婚的規定，就可以想像有哪些離婚方式、需要具備哪些要件、有哪些情況是可以成為離婚事由、離婚之後雙方該如何分配財產，還有如果對方有過失還需要支付贍養費嗎？如果自己是立法者，面對這一些問題時你會如何立法？很多法律規定並不會太特殊，身為一般人的我們假設自己當上了立法委員所制定的法令，通常與實際規定八九不離十，如此一來可以節省許多學習時間，晚上翻開

書本的時候，只要把差異處標記起來，就可以快速理解該章節的內容。

　　舉一個例子，夫妻要不要為對方的債務負責？還沒有看條文之前，可以先想想法律會怎麼規定，如果主張夫妻是一體的，那就要共同負擔債務，如果是獨立的個體，那相關法令就會設計成不必負擔對方的債務。

　　最後翻開書本、條文時，參見民法第 1023 條第 1 項有關於法定財產制之規定：「夫妻各自對其債務負清償之責。」顯然是採取後者，認為即便結婚後還是獨立個體的概念，不需要為了另外一半的錯誤而陷入無間的地獄。

　　工作間隙也可以擠出很多時間，譬如說休息時間、上廁所時間，都可以有個 5 到 15 分鐘，也常常有些工作可能只要忙特定時段，其餘時間並沒有需要完成的工作，就可以有更多的時間了。如果是比較短暫的工作間隙，可以與「自動巡航模式」時複習一樣的內容；如果是比較長的工作間隙，甚至是 1、2 個小時的帶狀時間，就可以思考一些比較燒腦的問題，甚至於還可以練習解題。

　　由於工作一天已經感覺很累，回家所剩的閱讀時間不多，經過翻閱大綱的「立法者模擬閱讀法」，腦中大概就已經形成這本書的知識體系；接著則是「偏好優先閱讀法」，選擇閱讀最想看的章節，因為學習自己需要的內容最有動力，有動力的學習才會有效果，有效果才會有成就感，即可創造高效率、正向循環的讀書流程。翻閱大綱的「立法者模擬閱讀法」時，已經選擇自己所需的內容，最後才是「完整閱讀法」，挑選自己有興趣的章節。

譬如說民法先看親屬篇，再看繼承篇，搭配最近租房子有糾紛，看一下租賃，慢慢地剩下沒看過的章節會愈來愈少，最後再從頭到尾開始閱讀，依據出題機率來決定花費時間比例，就可以很有效率地完成閱讀。

● 一把尺的功效

很多人有閱讀障礙的困擾。閱讀障礙的原因很多，比較常見的是因為外在環境干擾因素很多，要專心看書實在很困難，因為心思常常會被其他外部事物所干擾，所以一頁書看了一天也看不完。我任職公務的時候，看到密密麻麻的公文就覺得頭很昏、眼睛花了起來，無法耐下性子一個字一個字地看，也會被很多凡塵俗事所干擾，導致公文常常少看了一些字而發生嚴重的錯誤。

有一次，我的一份公文要持批，所謂「持批」是指因為時效關係，承辦人要一關一關地呈上去，每一層級的長官需要現場看完，當時送到主任秘書的手中，主秘請我坐下稍待片刻，我在其左側小椅子坐下，因為也沒東西可以看，所以眼睛就直盯著主秘的批閱，只見他拿出一只大約是 25 公分的尺，放在要看的那一行文字底下，而他手中的尺也隨著批閱的進度一行一行往下移動。

這時我的大腦機靈了一下，我每次看公文時，眼睛都會被上方與下方一堆文字給搞得頭暈目眩的，如果學主秘放上一把尺，就可以限縮可見文字的範圍，並且因為那把尺的直線，讓我眼睛的視線有專注的依據。其實這跟在日本搭乘新幹線看到司機、站台的站務員，都會用手指著要注意的事項、方向一樣，可以利用

尺來讓眼睛聚焦特定的位置，就可以不會被其他事物所分心，看書也是一樣。

　　這把尺可以當書籤，還可以畫重點，畫重點儘量不超過一行字，不要畫得滿頁都是重點，因為重點多了就不是重點，以後要複習的時候，直接看自己所畫的重點，不必每一個字都看，這時候大腦從這一個重點思考這一個章節在講什麼，如同肉粽頭一樣，一拉一大串，不必再從頭一個字一個字看，直接從大腦提取資訊即可；因為是直接從大腦內部提取，又是看特定的重點文字，不會被外部訊息所干擾，自然能更有效率了

> **重點摘要**
> 1. 善用鬧鐘倒數計時、筆電剩餘電量的時間壓迫感，提高自己學習專注與效率。
> 2. 忙碌工作之餘，善用角落時間進行預習與複習。
> 3. 善用尺來引導自己的目光在小範圍的文字中，可以提高專注力。

15

閱卷者的視角

● 模組化閱卷法

我有擔任過國家考試閱卷者的經驗，在閱卷的過程中，深入研究閱卷者的心態，發現一些很有趣的閱卷現象。如果考生不懂閱卷者的「模組化閱卷法」，就容易在國家考試的準備過程中走錯方向，只看自己覺得會考的內容，結果未能寫出「閱卷者想要看、能看到的資訊」。別過度專注在枝微末節的論述，閱卷者根本沒時間去詳細審酌你的邏輯思維，也沒有那麼多時間去比對你寫的條文有沒有錯字、遺漏。

首先，大家心中覺得一題申論題要改多久？ 3 分鐘、5 分鐘？在回答這個問題之前，要請大家先理解一件事情，就是閱卷者大多有自己的本業工作，為了閱卷必須請假，因此實際閱卷時間很短暫。假設要改 4 千份考卷，請了五天的假來改考卷，代表每天要改 800 份；假設一天閱卷 10 小時，代表每個小時要改 80 份，也就是說只有 45 秒的時間就要完成一份。是的，你沒有看錯，45 秒鐘改一份考卷。

因為當閱卷者一天看超過 100 份試卷，當天目標數量 800 份，還差 700 份的遙遠目標，大腦改愈多就會開始產生雲霧現象，不知不覺採取無意識的快速閱卷模式，可以稱之為「麻痺閱卷模式」，而且閱卷老師大多年紀很大，你怎麼期待他們的老花眼還能看得清楚呢？到最後，就會靠著「模組化閱卷法」來快速完成閱卷。

什麼是「模組化閱卷法」？

有點像是科技公司辦公大樓管制出入所採取的「人臉辨識」系統，針對臉部幾個特徵來判斷是否為存取權限的員工；同樣地，一科四題通常就有四位閱卷者，大家在閱卷前會先討論出考生應該回答的內容，包括要寫出哪幾個法律條文、觀念、名詞等，這時候閱卷者的大腦中就會出現「法條條號」、「關鍵字」的檔案，當看到考生的考卷時，就像是員工把臉對著人臉辨識的掃描儀一樣，開始進行掃描比對。

如果比對相似度高，就可以拿高分；如果比對相似度低，就只能拿低分。這種特定「法條條號」與「關鍵字」組合的概念，我稱為「模組化」，這就是閱卷者的視角。考生必須要把「法條條號」與「關鍵字」正確地呈現在閱卷者的眼前，至於枝微末節的細部內容，像是「法條少了一個字」、「這一句話是多餘的」就不必煩惱太多，因為被發現的機率其實不高。

● 我需要背法條嗎？

「我需要背法條嗎？」這是每一個考生常常會問的問題，原因在於數字是一種抽象的東西，大腦很難記起來，法律科目一科涉及到的法條至少成百上千，對於沒有學習過記憶法的同學來說，這可是一個很大的負擔，因此學生往往期待不背法條條號、內容，並對考試成績沒有影響。

錯，對於考試成績絕對有影響。

若考生瞭解閱卷者看到了什麼，才會知道調整法條的記憶

方法，不是從頭到尾背起來，而是有一定的技巧，該記的內容一定要記，不一定要記的可以等有能力時再記；如果是重要的條號，不求能背出項、款、目，但第ＸＸ條一定要能記起來。

整個法條一字不漏地背起來，有時候不是一件好事，反而是一件災難。

依據過去個人閱卷的經驗，閱卷者並不會要求你一字不漏完整寫出來，因為閱卷者根本不可能看那麼仔細，沒時間幫你檢查、比對是否一字不漏。更重要的一點，法律的評析並不是死記法條，而是該如何活用法條，一直反覆記憶法條的每一個字，申論題的撰寫也不是把條文抄一遍就好。

我在閱卷的經驗中，一堆考生就是把條文從頭到尾抄起來，面對這種品質的答案，怎麼可能得高分。

大多數同學沒有改過大量考卷，還是很難理解我在講什麼。有同學問我：寫出條號是為了讓閱卷老師知道我們提出的請求權有明文依據嗎？

閱卷者不會詳細理解你寫了什麼，實務上也很難一個字一個字去確認是否有其他條文有寫到只是沒有寫條號；換言之，如果沒有看到條號，閱卷者又難以快速從條文中得知你有沒有寫剩下的條文，很抱歉，閱卷者會推定你不知道；接著，從考生引用的法條大概就知道考生的程度。例如右頁的例子，在閱卷者眼中，考生寫的都是基礎條文 77、103、767，延伸性條文 79、110、801、948 都沒寫，一題 25 分的申論題，大概拿個 12 分就不錯了。

答題完整性比較如下表：

完整答題	考生答題
77、79、103、110、767、801、948	77、103、767

⬆ 考生答題法條完整性比較

重點摘要

1. 法律申論題要凸顯條號數字、關鍵字，讓閱卷者的「模組化閱卷法」可以順利進行比對。

2. 法條條號要記憶、法條內容抓重點。

16

筆記的技巧

● 逐字稿式的筆記有效嗎？

我蒐集了很多有關分析考生筆記的書，有一次從日本帶回了許多考試高手的筆記書，這些書的內容包括遍訪各個高手，詢問如何製作筆記，書中專訪的對象很反常地提出「筆記不是很重要」、「高手不一定要抄筆記」的論點，面對如何抄筆記的問題也都含糊其詞，這讓我重新反思筆記的存在價值。

製作筆記，主要是把所蒐集到的資料重新整理成一個自己的知識體系。然而，許多補習班學生在老師開講時，都趕緊按下手機的錄音鍵，避免手抄筆記漏寫了哪邊，可以靠錄音補起來，手上的筆也不停、一字不漏地抄，抄完回家後又重新抄寫一次，看起來精美絕倫，但依然不是自己的筆記，感覺像是開會的逐字稿。

反覆抄寫的行為是誤入學習陷阱地獄，這絕對不是準備考試的好方法，只是反覆地回憶上課的情境，對邏輯思考的複習沒有幫助。

法律系學生有所謂的「共筆文化」，由數位學生一起輪流製作筆記，分擔個別學生獨力製作筆記的負擔；再加上許多學校的老師有所謂的「獨門暗器」，不是他的學生根本不知道的考題，在這種扭曲環境下成長的學生，不得不想辦法取得其他學校的共筆。

次級學校的法律系學生為了避免被高級學校法律系的教授

出一些冷門題目的「考題突襲」，紛紛想方設法地取得高級學校的共筆，如果還是拿不到就要想辦法到其他學校老師的課堂旁聽並自行製作筆記。

只是問題在於要聽那麼多課程，必須要同學們一起分工，這時候共筆的概念就用上了，為了怕大家抄錯內容，所以通常都要求是逐字稿。但到最後發現通常都沒有時間去，只好上網花錢買其他同學的共筆，這些筆記做得很落實，把老師的話都抄錄其中，甚至於連笑話都不放過，少了法律人應有的思維，頂多類似會議紀錄的逐字稿，只能當作是掌握其他學校上課內容的資訊，與自己的知識體系無關，當然就不等同於已經建立自己知識體系的筆記了。

補習班反覆抄寫、法律人常見的共筆文化，都不能算是筆記。以法律人來說，真正的筆記應該是初學者看過條文之後，先挑重點條文，建立初步架構，日後再依據學說、實務、考題補充內容。人對於圖片有極強的吸收力，初步架構以簡圖呈現，搭配條文閱讀才易於釐清法條結構上的關係（詳細的方法可以參考本章節與下一篇「建構知識體系篇」）。

● **抄筆記之前的準備工作**

無論是熟悉或陌生的科目，都要儘量做到「預習」這件事，雖然預習的概念很簡單，但實際上能做到的人極少，也導致上課的時候都是全新的事物，忙著抄寫都來不及，哪有空思考。預習，才能讓你上課有時間思考。

對於有預習的同學，在上課時腦中會建構出一個大概的知識體系，上課不再是抄筆記，而是下列重點：

確認理解的部分

對比老師上課的內容，確認自己預習過程的理解是否正確。

專注於不理解的部分

預習時不懂的內容，可以透過老師上課的講解來獲得解答。

建立的體系是否正確

原本以為是仙人掌的體系，結果是老榕樹；對於自己理解錯誤或沒有預先思考到的點，將重新修正自己預先想像的體系。

矛盾點或需要釐清的部分

如果還有些模糊之處，除了課程上請教老師之外，課後可以尋找相關資料或與同學討論，讓觀念更加清晰。

或許這樣的解釋有點抽象，來舉一個露營課程的例子。假設明天要上露營的課程，翻了一下厚厚的教材，從目錄中看到了露營地點的選擇、露營車的類型與特色、露營帳篷的架設、如何煮餐點、水電瓦斯的供給、廁所衛浴間等，這時候腦中初步就形成了一個露營知識體系的雛型。

大多數人都有露營的經驗，利用過去經驗可以解決大部分學習的問題，像是這種很多人都有的經驗應該都可以預先理解，在已經建立的一個露營思維架構下，不熟悉的只有如何固定營帳、如何鑽木取火等議題，這些就可以設定為聆聽課程的重點。

　　所以，預習的時候要先建立架構、把尚待理解的地方標記，幫助自己在上課的時候專注於思考自己不能理解的地方，而不會浪費時間在抄寫很基本的定義，真正該弄清楚的地方卻略過不理。

階段	內容
預習階段	1. 概略掃過目標內容
	2. 初步建立知識體系
	3. 標記尚待理解內容
學習階段	1. 確認內容理解是否正確
	2. 修正初步知識體系雛形
	3. 蒐集未來仍待釐清盲點
複習階段	1. 鞏固所學的知識
	2. 補充所學的不足
	3. 找題目強化練習

↑ 預習、學習、複習三階段實行內容

● 偏好繪製體系圖的筆記

　　大多數學生都是老師講什麼，就跟著抄什麼，這對學習沒啥幫助，只是扮演會議紀錄員而已；有些人事後會把上課筆記整理起來，加上顏色、畫上重點，雖然筆記看起來很美觀，但是重新抄寫很花時間，而且沒有建立自己的體系，對日後學習的效果幫助不大。

　　照著老師上課內容抄筆記，前提在於這位老師字字珠璣、猶如上帝一樣，然而老師講授課程的功能應該在讓學生快速理解，

學生聽完懂了之後，應該要消化吸收並融入自己的知識體系；否則，若是照單全收老師的資訊，東學一套、西學一套，然後不能互相融合，到最後就會出現混亂與許多矛盾之處，尤其是刑法，十位教授十一種理論，就算蒐集完每位老師的講話內容，也只是考試資訊蒐集很豐富的一本筆記，並不代表自己所理解並建立的知識體系。

我個人比較建議每一個科目畫出一個「知識體系圖」，譬如說次頁是「監獄行刑法」的架構圖，這一個科目是監獄官、監獄管理員要考的項目，我很喜歡舉這一個法令為例，因為結構比較簡單，對於初步學習體系的同學，很容易就能畫出「知識體系圖」。

「監獄行刑法」條文的章節名稱拉出來，可以畫成監獄生活環境的部署圖，每一個章節的第一個法條以記憶法黏上去，例如：

◎ 第五章「作業」（第 31 至 39 條）的第一個條文是第 31 條，可以記憶成受刑人在監獄生產 31 品牌的冰淇淋。

◎ 第六章「教化及文康」（第 40 至 45 條），第一個條文是第 40 條，40 的諧音為「樹林」，可以想像成在一個四面都是樹木的教室，教誨師在上面拿著聖經勸大家改過向善。

◎ 第七章「給養」（第 46 至 48 條），第一個條文是第 46 條，46 的諧音為「飼料」，可以想像成在教室旁邊的餐廳中，滿滿的飼料餵食著受刑人。

監獄行刑法編章節名稱	首條號	記憶設計
第一章　總則	§ 1	
第二章　入監	§ 10	鑰匙 + 鎖
第三章　監禁	§ 16	16 個房間
第四章　戒護	§ 21	鱷魚（諧音）在護城河防止犯人逃走
第五章　作業	§ 31	生產 31 冰淇淋
第六章　教化及文康	§ 40	樹林（諧音）圍繞的教室
第七章　給養	§ 46	飼料的諧音
第八章　衛生及醫療	§ 49	31 冰淇淋工廠被打得像條死狗（諧音），送到護理師這邊來救治
第九章　接見及通信	§ 67	友情的諧音
第十章　保管	§ 76	保管一台產生氣流（諧音）的吹風機
第十一章　獎懲及賠償	§ 83	讓囚犯爬山（諧音）放風當作獎勵
第十二章　陳情、申訴及起訴	§ 90	拿著 90 手槍去陳情
第十三章　假釋	§ 115	只要記後面的鸚鵡（諧音），鸚鵡說的並不是真人說話，假的
第十四章　釋放及保護	§ 138	只記後面的38，被釋放的時候在門口搖屁股顯得很 38
第十五章　死亡	§ 143	只要記後面的43，從監獄頂樓帶著一把濕傘（諧音）跳下來自殺
第十六章　死刑之執行	§ 145	只要記後面的45，死刑執行現場有師父（諧音）念經
第十七章　附則	§ 149	

⬆ 監獄行刑法首條號記憶設計

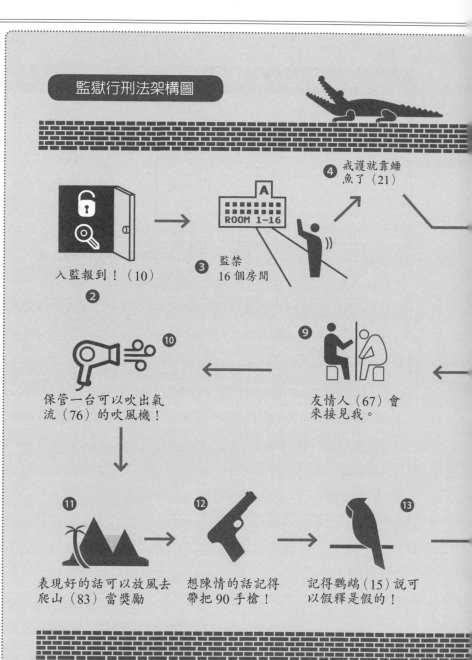

監獄行刑法架構圖

入監報到！（10）
❷

❸ 監禁 16 個房間

ROOM 1-16　A

❹ 戒護就靠鱷魚了（21）

保管一台可以吹出氣流（76）的吹風機！
❿

友情人（67）會來接見我。
❾

表現好的話可以放風去爬山（83）當獎勵
⓫

想陳情的話記得帶把90手槍！
⓬

記得鸚鵡（15）說可以假釋是假的！
⓭

31 冰淇淋原來
在此作業
❺

教化課居然在樹林上！（40）
❻

被操得像死狗（49）
就來找醫護
❽

開飯啦！
餐點就像貓飼料（46）
❼

真的被釋放要
跳個 38 舞喔！
⓮

想自殺死亡的話要
帶把濕傘（43）！
⓯

執行死刑會有師父
（45）在。
⓰

如此一來，可以很快地建立一個與監獄生活相仿的法律條文架構，又能把每一個章節的第一個條文記起來，建立「條文定位點」（肉粽線頭），有助於日後記憶其他法條，也可以利用這些「條文定位點」，搭配上樹狀圖或心智圖，建立下一層次的法律條文架構。

重點摘要

1. 筆記，絕對不是逐字稿，也不是連笑話都有的共筆。
2. 無論是熟悉或陌生的科目，要儘量做到「預習」，讓事後學習、複習階段可以事半功倍。
3. 可以藉由本書監獄行刑法的方法，嘗試著把每一章節的第一個條文記起來，掌握「條文定位點」的學習方法。

第 3 篇

建構知識體系篇

17

從權利能力開始

● 一本書主義：從建立單一體系開始

在提權利能力之前，我們先來介紹一下「一本書主義」。以法律領域來說，大多數的老師都會出版屬於自己的教科書；百家爭鳴之下，若要把每一本書都看完，不僅曠日廢時且實際效益不大，各家學說都有各自的論點，對於初學者來說，反而容易造成混淆、矛盾，進而打擊學習信心。

比較好的方法是挑選一本自己可以吸收的書做為主要閱讀用書，並以此建立一個基本體系，其他的書只看差異處，再用小卡片、便利貼等工具將差異處註記在主要用書中，如此一來，就只會有一個體系，並且會隨著加註進來的內容不斷地修正、變動，讓自己建立的知識體系更完備，而不會因為擁有多個知識體系而不斷地相互影響，導致自己的知識體系混淆不穩固。

在採行「一本書主義」並建立自己的知識體系後，閱讀同類型的書籍就會快許多。

以我個人為例，已經瀏覽過國內大多數的財務分析書，譬如說損益表會談什麼、資產負債表會談什麼，大家討論的內容都不會差太多；很可惜的是「現金流量表」的論述比較少，所以我到書店翻閱市場上最新出版的財務分析書時，「損益表」、「資產負債表」等共通處已經熟悉到看一眼就知道內容，只針對差異處進行閱讀，尤其是討論到「現金流量表」的論述，才會停留駐足多看一下，因為討論到現金流量表的財務分析書真的很少，這樣子的流程大概 20 至 30 分鐘就可以翻完一本書。

● 民法的權利能力在討論什麼？

接下來，我們以民法的權利能力與行為能力為範例，協助大家學習如何建立自己的體系。

民法在講述「權利能力」這個概念時，一般看到書中的解釋或者是老師教導的內容，會告訴你權利能力是指「享受權利、負擔義務的能力」，但是這種抽象的描述，對於一位初學者來說，實在是有點難理解其意義，也很容易與其他專有名詞相混淆。就我個人的經驗，剛唸法律系時一直分不清「權利能力」、「行為能力」、「訴訟能力」等名詞之意義，也不知道是啥意義，只知道死背活背，卻不知道怎麼運用。

瞭解名詞的意義

在學習過程中，瞭解名詞的意義非常重要。國家考試的法律科目很多，許多參加考試的考生未必是法律系，對於非本科來學習民法的學生而言，「權利能力」是一個新名詞，如果還是用上述解釋來介紹，恐怕效果會非常差，必須建立在舊有的知識與經驗上，才會有比較好的理解效果。我個人的教學方法如下：

假設你是一名法官，突然聽到擊鼓鳴冤的聲音，打開門一看，居然是一隻狗狗在擊鼓，你會理睬嗎？

不會，法院應該只會處理「人」的問題。

沒有錯，請看民法第6條條文的第一個字是什麼？

民法第6條：人之權利能力，始於出生，終於死亡。第一個字是「人」。

很好，第一個字「人」就是告訴我們只有人才享有權利能力，法院只會處理「人」的問題。接著下一個情況，如果又聽到擊鼓鳴冤，這次開門一看，居然是已經死亡多時的殭屍，你會去接這個案子嗎？

法院應該僅受理「活人」的案子吧！

很好，我們來學一下有關權利能力的基本條文——「人之權利能力，始於出生，終於死亡。」（民法第6條）

我懂了，瞭解這個條文為何要強調出生、死亡兩個人生的重要階段。法院要處理的是人，而且是活人。

　　總之，權利能力在定義上為「享受權利、負擔義務的能力」，但在法院的角度來看，必須要是「人」，而且是「活人」，法院才會審理與這個「活人」有關的案件內容。

　　我常提到「理解→記憶→應用」的學習三階段，其中第一個階段理解，若是希望能快速理解所學知識，那麼抽象文字就不能靠死背硬記，如同前面所舉的擊鼓鳴冤，是很多人都耳熟能詳的故事，既然是既有經驗，就很容易在大腦中創造一個想像畫面，有助於理解的速度。

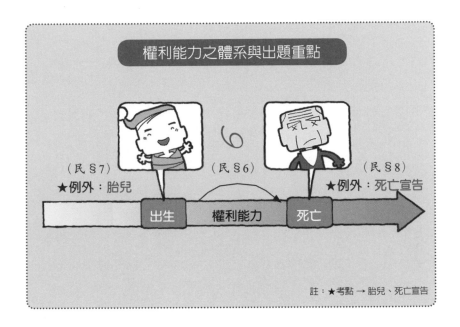

體系，建立記憶線頭、找出可能出的考題

　　教到這邊，我還會做兩件事情，第一件事情是加上記憶線頭，第6條的6，左轉個45度角之後，看起來像是胎兒從娘胎生出來、頭朝下的樣子，與條文中「人之權利能力，始於出生，終於死亡」的「出生」產生連結，就很好記了。第7、8條不需要特別設計，只要順著條號的順序背即可。

　　第二件事情，在建立了在這一個小體系中，我會分享抓考題的方法，出題者通常不會單考權利能力的「原則」，而會出「例外」、「模糊」與「沒規定」，上述權利能力的出題重點，就會放在「非活人」，也就是還沒有被認定為出生的胎兒，以及在法律上被宣告死亡但可能還活著的例外情況，胎兒、死亡宣告，就會成為考試的重點。

權利能力相關條文

第 6 條：人之權利能力，始於出生，終於死亡。

第 7 條：胎兒以將來非死產者爲限，關於其個人利益之保護，視爲既已出生。

第 8 條：I 失蹤人失蹤滿七年後，法院得因利害關係人或檢察官之聲請，爲死亡之宣告。

II 失蹤人爲 80 歲以上者，得於失蹤滿三年後，爲死亡之宣告。

III 失蹤人爲遭遇特別災難者，得於特別災難終了滿一年後，爲死亡之宣告。

● 權利能力之後，探討行為能力

行為能力在權利能力之後

理解了權利能力，接下來法官要做什麼？

當來起訴的是「人」、「活人」時，法官就可以針對雙方的訴訟實體內容進行審理。

案例討論

假設小毛告小黑（17 歲），表示小黑用 3 萬元的價格向他買一台電腦，但是後來發現小黑是限制行為能力人（17 歲），必須要法定代理人同意，小黑的媽媽反對電腦的買賣契約，請問小毛是否可以告上法院請求小黑交付價金？

　　首先，法官檢視了一下法律行為的成立要件：當事人、意思表示、標的，三者都有。

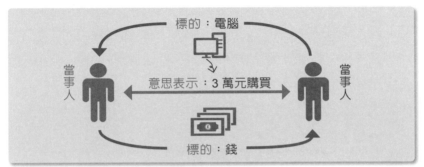

⬆ 法律行為的成立要件

　　在當事人的部分，先探討權利能力，前文已經論述過，在此不贅述。其次，要檢視是否有完全行為能力，或者是屬於「限制行為能力人」、「無行為能力人」。本案中，小黑僅有17歲，依據民法第13條第2項規定為「限制行為能力人」⋯。

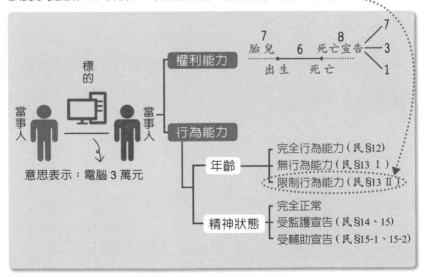

⬆ 以法律行為的成立要件分類

依據民法第 77 條本文規定，限制行為能力人為意思表示及受意思表示，應得法定代理人之允許；另，第 79 條規定，限制行為能力人未得法定代理人所為之契約行為，效力未定，須待法定代理人承認後，始生效力。有時候只要記憶有特色的文字，其他條文基礎文字自然而然就可以記起來，詳細說明見「重複文字善用壓縮法」。

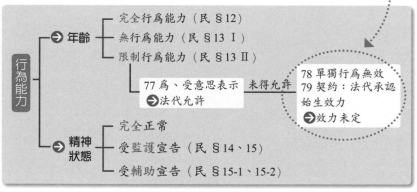

↑ 法條重點統整體系

所以，如上圖，當事人的部分先討論權利能力，接著探討行為能力，然後一層次接著一層次地建構有邏輯的知識體系。

● 重複文字善用壓縮法

不過在進入行為能力前，有一些細節要先鋪陳，有利於後面的教學與記憶。

法律行為的成立要件，如前所述包括當事人、意思表示、標的。其中意思表示的部分，會先講解「為意思表示」、「受意思表示」的概念，譬如說小毛要買一台電腦，表示我要買，即是「為意思表示」，而小黑說好我要賣，就是「受意思表示」，如

果我上課講「為、受」，就是「為意思表示、受意思表示」的簡稱，這一點對於縮減法條以利後續記憶，相當有幫助。

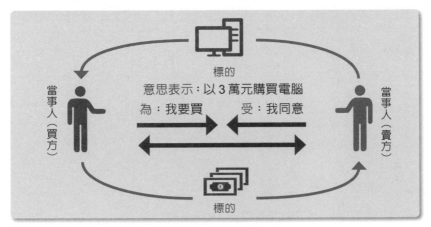

↑ 以法律行為成立要件為基本架構

　　理解「為、受」的概念，對記憶法律條文很有幫助，因為出現次數太多，例如無行為能力，依據民法第 75 條是無效，第 76 條要由法定代理人代為、代受意思表示。

　　簡單來說，3 歲小孩跑去 7-11 買 77 乳加巧克力，契約無效，必須由父母代為購買（代為意思表示）；稍微大一點的小孩，12 歲，買一個 400 元的禮盒，則不需要父母事必躬親，父母只需要同意。

對於這種重複出現的文字就可以用壓縮法，變成一個簡稱，只要記憶簡稱，實際要用的時候，解壓縮還原為原形即可。

條號	條文內容	記憶內容
75前段	無行為能力人之意思表示，無效；……。	75 無效
76	無行為能力人由法定代理人代為意思表示，並代受意思表示。	76 代為、代受→76 代代
77本文	限制行為能力人為意思表示及受意思表示，應得法定代理人之允許。	為、受、應得、允許
78	限制行為能力人未得法定代理人之允許，所為之單獨行為，無效。	未得、允許 單獨行為 無效
79	限制行為能力人未得法定代理人之允許，所訂立之契約，須經法定代理人之承認，始生效力。	未得、允許 契約 效力未定（承認，始生效力）

⬆ 條文結構壓縮拆解法

意思表示、法定代理人，重複出現次數很多，可以簡化之，讓法條更簡單。利用這個壓縮方法，再去記憶第 14 條與第 15-1 條就會非常簡單。

條號	條文內容	記憶內容
14 I	對於因精神障礙或其他心智缺陷，致不能為意思表示或受意思表示，或不能辨識其意思表示之效果者，法院得因本人、配偶、四親等內之親屬、最近一年有同居事實之其他親屬、檢察官、主管機關、社會福利機構、輔助人、意定監護受任人或其他利害關係人之聲請，為監護之宣告。	精障心缺 不能、為、受、辨識 法院得因（特定人）之聲請，為監護之宣告
15-1 I	對於因精神障礙或其他心智缺陷，致其為意思表示或受意思表示，或辨識其意思表示效果之能力，顯有不足者，法院得因本人、配偶、四親等內之親屬、最近一年有同居事實之其他親屬、檢察官、主管機關或社會福利機構之聲請，為輔助之宣告。	精障心缺 為、受、辨識、顯有不足 法院得因（特定人）之聲請，為輔助之宣告

⬆ 條文結構壓縮與拆解法

　　透過拆解法律條文的結構，可以把常用的字串抓出來進行壓縮，實際要用的時候再解壓縮即可。例如左頁表格中的第14條第1項規定，只需要記憶「為、受」，這兩個字是「為意思表示或受意思表示」的壓縮，而實際上要用時，經過解壓縮的過程就可以還原為「為意思表示或受意思表示」。

　　類似的條文在刑法第19條、行政罰法第9條也有規範，刑法、行政法與民法的主要差距在於少了「為、受」，因為民法著重於意思表示，而刑法、行政罰法著重於行為違法，因此會少了「為、受」。

條號	條文內容	記憶內容
刑19 I	行為時因精神障礙或其他心智缺陷，致不能辨識其行為違法或欠缺依其辨識而行為之能力者，不罰。	精障心缺、不能辨識、欠缺辨識而……
刑19 II	行為時因前項之原因，致其辨識行為違法或依其辨識而行為之能力，顯著減低者，得減輕其刑。	精障心缺、辨識、依其辨識而……顯著降低
行政罰9III	行為時因精神障礙或其他心智缺陷，致不能辨識其行為違法或欠缺依其辨識而行為之能力者，不予處罰。	精障心缺、不能辨識、欠缺辨識而……
行政罰9IV	行為時因前項之原因，致其辨識行為違法或依其辨識而行為之能力，顯著減低者，得減輕處罰。	精障心缺、辨識、依其辨識而……顯著降低

⬆ 壓縮拆解法對於類似條文之運用

在進入下一個章節前，請先嘗試閱讀以下條文一至兩次，對於學習會很有幫助喔！

行為能力相關條文

第 12 條

滿 18 歲爲成年。

第 13 條

I 未滿 7 歲之未成年人，無行爲能力。

II 滿 7 歲以上之未成年人，有限制行爲能力。

第 14 條

I 對於因精神障礙或其他心智缺陷，致不能爲意思表示或受意思表示，或不能辨識其意思表示之效果者，法院得因本人、配偶、四親等內之親屬、最近 1 年有同居事實之其他親屬、檢察官、主管機關、社會福利機構、輔助人、意定監護受任人或其他利害關係人之聲請，爲監護之宣告。

II 受監護之原因消滅時，法院應依前項聲請權人之聲請，撤銷其宣告。

III 法院對於監護之聲請，認爲未達第 1 項之程度者，得依第 15-1 第 1 項規定，爲輔助之宣告。

IV 受監護之原因消滅，而仍有輔助之必要者，法院得依第 15-1 第 1 項規定，變更爲輔助之宣告。

第 15 條

受監護宣告之人，無行爲能力。

第 15-1 條

I 對於因精神障礙或其他心智缺陷,致其為意思表示或受意思表示,或辨識其意思表示效果之能力,顯有不足者,法院得因本人、配偶、四親等內之親屬、最近 1 年有同居事實之其他親屬、檢察官、主管機關或社會福利機構之聲請,為輔助之宣告。

II 受輔助之原因消滅時,法院應依前項聲請權人之聲請,撤銷其宣告。

III 受輔助宣告之人有受監護之必要者,法院得依第 14 條第 1 項規定,變更為監護之宣告。

第 15-2 條

I 受輔助宣告之人為下列行為時,應經輔助人同意。但純獲法律上利益,或依其年齡及身分、日常生活所必需者,不在此限:

一、為獨資、合夥營業或為法人之負責人。

二、為消費借貸、消費寄託、保證、贈與或信託。

三、為訴訟行為。

四、為和解、調解、調處或簽訂仲裁契約。

五、為不動產、船舶、航空器、汽車或其他重要財產之處分、設定負擔、買賣、租賃或借貸。

六、為遺產分割、遺贈、拋棄繼承權或其他相關權利。

七、法院依前條聲請權人或輔助人之聲請,所指定之其他行為。

II 第 78 條至第 83 條規定,於未依前項規定得輔助人同意之情形,準用之。

III 第 85 條規定,於輔助人同意受輔助宣告之人為第 1 項第 1 款行為時,準用之。

IV 第 1 項所列應經同意之行為,無損害受輔助宣告之人利益之虞,而輔助人仍不為同意時,受輔助宣告之人得逕行聲請法院許可後為之。

第 75 條

無行爲能力人之意思表示,無效;雖非無行爲能力人,而其意思表示,係在無意識或精神錯亂中所爲者亦同。

第 76 條

無行爲能力人由法定代理人代爲意思表示,並代受意思表示。

第 77 條

限制行爲能力人爲意思表示及受意思表示,應得法定代理人之允許。但純獲法律上利益,或依其年齡及身分、日常生活所必需者,不在此限。

第 78 條

限制行爲能力人未得法定代理人之允許,所爲之單獨行爲,無效。

第 79 條

限制行爲能力人未得法定代理人之允許,所訂立之契約,須經法定代理人之承認,始生效力。

第 80 條

Ⅰ 前條契約相對人,得定一個月以上之期限,催告法定代理人,確答是否承認。

Ⅱ 於前項期限內,法定代理人不爲確答者,視爲拒絕承認。

第 81 條

Ⅰ 限制行爲能力人於限制原因消滅後,承認其所訂立之契約者,其承認與法定代理人之承認,有同一效力。

Ⅱ 前條規定,於前項情形準用之。

第 82 條

限制行為能力人所訂立之契約，未經承認前，相對人得撤回之。但訂立契約時，知其未得有允許者，不在此限。

第 83 條

限制行為能力人用詐術使人信其為有行為能力人或已得法定代理人之允許者，其法律行為為有效。

第 84 條

法定代理人允許限制行為能力人處分之財產，限制行為能力人，就該財產有處分之能力。

第 85 條

Ⅰ 法定代理人允許限制行為能力人獨立營業者，限制行為能力人，關於其營業，有行為能力。

Ⅱ 限制行為能力人，就其營業有不勝任之情形時，法定代理人得將其允許撤銷或限制之。但不得對抗善意第三人。

重點摘要

1. 一本書主義，從建立單一體系開始，再逐步將其他書籍的差異性納入其中。
2. 出題者通常不會單考權利能力，而會出「例外」、「模糊」與「沒規定」。
3. 條文重複文字過多可以善用壓縮法，減少條文需要記憶的文字量。

18

抓重點的功夫：肉粽線頭

● 拉起一串條文的「關鍵線頭」

體系是一種邏輯

邏輯是一種思考的路線

回家的路不會忘記

邏輯路線走幾次也很難忘記

有時候路線太長，要靠路標判斷

肉粽線頭猶如路線的關鍵地標

　　我在當年學習的過程就是一條條苦背，從第一條背到最後一條，因為太多條文，常常搞混法條位置。這種讀書方法欠缺體系，很難有整體的架構，就像是沒有邏輯的導航一樣，在茫茫街道中不知道方向，只是一路向前走，自然記不起來。

　　即使我學了法律十幾年，還是會因為法律條文太多，時間久了忘得一乾二淨，而且每次都有挫折感，會產生記憶法條的排斥性，記憶效果會愈來愈差。是否有一些方法，可以讓我把重要的條文條號、內容都能記起來呢？

　　前文有提到「壓縮法」，但是壓縮法是針對條文內容，對於條文條號就沒辦法；針對法律條文條號的數字記憶，網路上有很多熱心民眾分享出自己的記憶方法，大多是「諧音梗」。只是每

一個條文都設計一個「梗」，這真的是好的方法嗎？有更簡單的方法嗎？

如同現在有些英文補習班或書籍，把每一個英文單字都圖解化，最後反而變得更雜亂，幾十個單字還可以記起來，單字量多了代表圖多了，反而會搞混。同樣的道理，當每一個條文都設計出「諧音梗」，其實效果會非常差，最後大多數考生會選擇放棄這種方法。

經過不斷測試，我發現可以利用「記憶宮殿」的原理，因為人的大腦對於路線記憶非常強，很多條文也都是連續性的條文，只要善加利用兩者的相似性，就可以減少很多不必要的設計。

簡單來說，這個方法有幾個重點實例：

體系就是路線

邏輯思維就是一種思考的路線，類似傳統所學的樹狀圖、心智圖的概念，只是我們經過理解內容後，把有邏輯關係的放在一起做成體系。

加上路標提升記憶

體系太大還是會記不住，這時可以加上一些路標，如同登山客在樹上綁登山條，也就是肉粽線頭的概念，加上一些「諧音梗」或其他創意，只要設計線頭的條文即可。

善用順序與對比性

條文通常是一條接著一條，並不是跳來跳去，可以善用這個順序來記憶條號；另外，條文通常還有對比性，並不是亂跳設計，也可以善用對比性來減輕記憶負擔。

以民法第 12 條開始

　　「體系記憶法」有一個很重要的觀念，是否可以像是端午節綁肉粽一樣，只要找到肉粽線頭，就可以拉起一大串肉粽？換言之，只要設計好肉粽線頭（民法第 12 條），其他照著順序法（例如民法第 13、14、15、15-1、15-2 條），就能記憶起一長串的法律條號，不必每一條都設計，那不是省了很多大腦資源嗎？

　　如果善用法律體系法，利用肉粽線頭的概念，相關法律重點放在有邏輯的路線上，記憶效果就會愈來愈好，正如同回家的路，愈走愈熟悉。

● 民法總則：行為能力

畫出體系圖

　　本章節以「民法總則：行為能力」為例子，行為能力依據年齡、精神狀況分類的條文，總共有 12、13、14、15、15-1、15-2 等 6 條條文，右側則有 75、76 等 2 條條文。

　　依照條文的順序畫出體系（如右圖），所以是先完全行為能力，接著則是無行為能力，最後才是限制行為能力，年齡是這個順序，精神狀態也是一樣。可以善用顏色協助對比，特色相對應於特色，灰色相對應於灰色。

　　圈起的部分就是肉粽線頭，必須要特別設計記憶法，其他條文不必特別設計，順著背即可；切記，體系圖要多畫幾次，如同看地圖找目標地址一樣，透過動手畫來刺激大腦，不要只用看的，否則就像是依賴導航，只要一失去導航就記不起來。

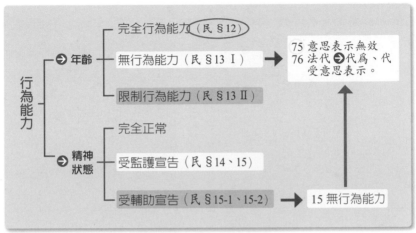

⬆ 民法行為能力體系圖

記憶法律體系，如同記憶回家的道路一樣簡單

　　經過很多次的教學實驗，我發現只要畫出類似上圖的架構，邏輯的思考就很像是回家的路，如果你不會迷路，記憶這件事情就可以愈來愈輕鬆。

　　接下來實際帶大家瞭解記憶體系的脈絡如何建立，之後大家也能透過這些關鍵技巧設計自己的記憶方法。

設定「記憶關鍵地標」

　　1. 設定「起始」法條為第 12 條，可以設計一些記憶法當作「記憶關鍵地標」；2023 年之前的民法規定是滿 20 歲為成年，二十倒過來就是十二（註：現在民法改為 18 歲為成年，不過我們還是沿用舊法 20 歲的記憶法）。

　　2. 我個人將第 75 條也設計成「記憶關鍵地標」，諧音「欺侮」，欺侮無行為能力人。

相對應位置減少複雜性

1. 分成年齡、精神狀態，由上而下的體系分別是完全、無（受監護）、限制（受輔助）；年齡分類中的第一個條文是第12條（完全行為能力），精神分類中則是完全正常（沒有法律規定），然後依序是年齡分類的第13條第1項無行為能力、第13條第2項限制行為能力，以及精神狀態相對應的第14、15條的受監護宣告、第15-1、15-2條的受輔助宣告。

2. 接著是效果的部分，其中年齡分類中的第13條第1項之無行為能力，其法律效果為第75條無效，以及第76條由法定代理人代為、代受意思表示（簡稱代代），相對應的精神狀況分類中，第15條規定，受監護宣告人為無行為能力人，又進入到第75、76條之規定（如下圖）。

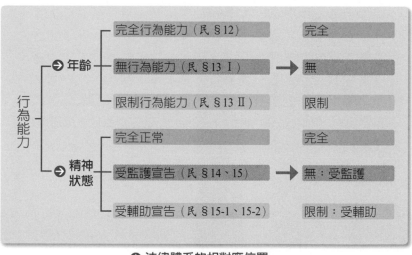

⬆ 法律體系的相對應位置

組合法

1. 我只要設定第 12 條、第 75 條作為肉粽線頭，將與之有關的法條放在一串，第 12 條的記憶方法前面已經說明，二十的發音倒過來就是十二，第 75 條的設計方法則是諧音「欺侮（75）無行為能力人」，其他法條條號不需要每一條都設計「諧音梗」，善用同一順序條文成為一組的「組合法」（我有時稱為跟打）。

2. 將 12 + 13 Ⅰ + 13 Ⅱ + 14 + 15 + 15-1 + 15-2 設為一組、75+76 為另一組，只要設計開頭的第 12 條、第 75 條的「諧音梗」，其他就順著條文的順序記憶，可以少設計 6 條，省下許多大腦的資源，簡化後效果反而更好（如下圖）。

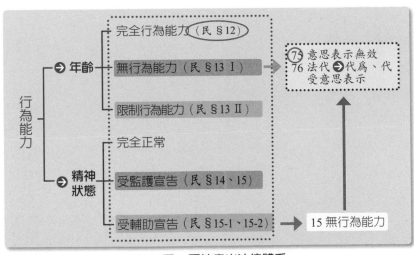

↑ 一層一層地畫出法律體系

學完立即練習申論題

請參考本書第 184 頁之申論題,輔助前文說明來練習會更具體。

1. 學完一個段落,立即把高普考、地特的考題拿出來練習,因為體系很清楚,可以把考題的大前提中法規命令的部分完整地寫出來;一般來說高考難度大概就是考你對某一個法律觀念的體系是否熟悉,因此只要大前提的法令熟悉,小前提就是把實例題的案例事實套用到大前提而已。

2. 通常大前提的法律條文中,會有一些模糊、未規定的要件,不知道該如何適用之處,學習者再去理解學說、實務的看法,就會更容易理解了。

多次練習

1. 圖畫好了,還是要不斷地反覆練習;自己實際用手畫過才能夠記得整個邏輯路線。如果只是用看的、手不畫,就像是開車靠導航,就算走過十次,沒了導航就不會走一樣;自己拿著地圖多走幾次,卻能馬上記得,兩者是一樣的道理。同樣地,知識體系如同路徑一樣,一開始要「多畫幾次」,不要只用眼睛看來學習,練習幾次後就會牢牢記在腦袋中。

2. 好的方法應該是愈學愈快,而不是每次都是重新學習:每次複習就是畫體系圖,速度會愈來愈快,畫完之後,就練習相對應的申論題,一科十張體系圖(基本組合拳)加相對應的申論題(擂台),比你傻傻地抄筆記加反覆聽錄音帶,效果好太多。

　　畫出體系圖之後，就可以解決過去學完第 12 條一路唸到第 15-2 條，然後學習其他不同體系的一堆條文，才會學到第 75、76 條的位置，過去一條一條記憶的方法，很容易唸了後面、忘了前面，效果很差。

　　透過體系重新繪製，就可以很有效地建立一個完整的體系，把「肉粽線頭條文」一拉起來，全部的肉粽都拉起來了，把法律體系分類成幾個區塊，每個區塊類似於模組的概念，我有時候也戲稱「組合拳」，只要把一些模組湊在一起，即可輕鬆解題。

● 建構具體化的肉粽線頭

教授，肉粽線頭的體系圖與傳統樹狀圖、心智圖有什麼差異呢？

我們如果到一個 30 坪的住家，三房兩廳，通常最裡面的主臥房是爸媽的房間，第二個房間是小孩子的房間，第三個房間可以兼做客房的書房，所以我們可以很容易就把資料分類到該有的位置。

三房兩廳的室內配置	
主臥房	雙人床、衣櫥、化妝檯、五斗櫃等
小孩房	單人床、書桌、衣櫥、座椅等
衛浴間	洗手台、馬桶、浴缸、淋浴設備等

⬆ 以房間分類方式建立知識體系

不同的特性會有不同的物品，透過分類，可以把知識很清楚地建立一個體系（如右圖）。

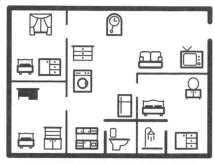

⬆ 以房間分類方式建立知識體系

樹狀圖，類似於下圖，而心智圖則是多了一點變化，也是一個分類的概念，只是有時候分類效果有限，如果能像是上述的房間配置，很容易依照分類找到相對應的知識。

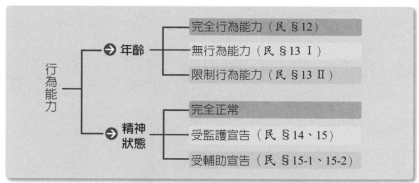

⬆ 行為能力年齡與精神狀況相對應說明

簡單來說，樹狀圖、心智圖因為沒啥記憶效果，把沒有邏輯順序的內容放在一個體系裡面，自然難有好的記憶效果，所以我利用記憶宮殿的路線概念，將有邏輯順序的內容放在一條路線，藉此調整這兩個傳統分類法無法記憶的缺點。

人對於圖片的記憶特別強，如果我們在體系前面加上一個具體化的肉粽線頭（如右圖）。當事人底下的體系，會談到權利能力、行為能力，其他像是法人、自然人也會放在這個當事人

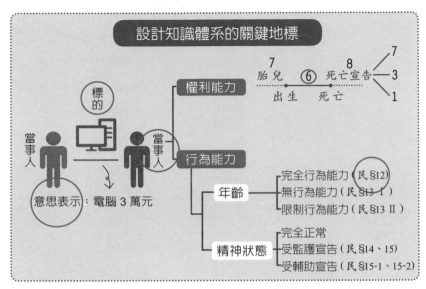

的「房間」裡面，還有代理、代表、使者等，也都是在此一當事人的房間裡面。

　　換言之，善用大腦對於圖片的超強記憶，只要記得肉粽線頭的起始圖（圖左側的部分：當事人、意思表示、標的），就可以繼續延伸畫出知識體系，搭配「關鍵地標」（肉粽線頭）將第6條（胎兒生出頭朝下）、第12條（舊法20歲成年的20倒過來唸）擺在一開始的位置，其他順著條文的順序建立有邏輯的順序。

　　各位可以嘗試看看這樣子的概念，重新將民法總則或其他科目建構出一層又一層的體系圖，搭配記憶法把關鍵法條條號黏在體系圖上，就可以把整個體系有效率地記起來，而且不容易忘記。如此一來，便能改善過去從第1條背到最後一條，怎麼背、怎麼忘的困境。

19

拆解考題：簡式申論題練習法

● 艱困事務是前進的阻礙

愛迪生毅力驚人，即使失敗一萬次，也要繼續嘗試；國父歷經十次革命，終於推翻滿清政府。為什麼愛迪生失敗上萬次、國父十次革命還會受到後世的讚揚？原因在於面對艱困的事情不斷失敗還願意繼續前行的人實在少之又少，這就是人性。

人類對於艱困的事情通常不會想要去做，譬如說登百岳，想到扛著重裝備爬山，對吃力、痛苦的想像就讓人卻步，但如果加上有助於健康、取得百岳證書、全台灣第一位攀登百岳的 XXX 等正面的激勵，則會有另外的推力讓自己前進；又比如說睡覺睡到自然醒，每天都不用起早趕早去上班，應該是每個人的夢幻人生，但是現實就是那麼殘酷，為了要有錢吃飯，就必須強迫自己去工作賺錢，搭配上升職加薪、有錢就可以出國旅遊，就可以有不同的動力讓自己咬牙早早起床上班，當個沒有尊嚴的社畜。

追求爽爽人生、躺平人生的驅動力，這些力量阻礙自己前進的動力；反之，也有許多力量驅動著自己，像是讓自己變健康、賺錢才可以有錢吃飯、出國旅遊，人生就是在這兩個力量中間不斷地拉扯。

● 把事情拆解簡化

除了前面所講的榮譽機制、收入機制、出國旅遊的引誘機制等，可以推動自己往前的方法之一是「拆解簡化」目標。

譬如說我們想要賺個 5,000 萬，但這個目標太大，存錢存了

好幾年才存到 30 萬元，很容易就被時間消磨掉了鬥志，最後決定今日有錢今日花，先享受以後再說；反之，我們不要設定 5,000 萬元的目標，先設定第一桶金 100 萬元為初始的小小目標，那就容易多了，我只要再省一點，3 年省一點就可以存到 100 萬元，目標簡單比較願意咬牙前行。因為忍耐的時間不會太長，意志力不會因為時間而磨光，反而會因為達到目標的成就感，又激起往下一個目標邁進的鬥志。

電影「阿甘正傳」中的阿甘一直往前跑，網路上很多討論的重點在於阿甘為什麼要一直跑，這麼累人的長跑行為，對於正常人而言是一種難以想像的事情。我們從一直跑降級到馬拉松，「全馬」總共要跑 42 公里，一般規定要在 6 小時之內跑完，因為時間太長太辛苦，為了讓更多人參與，於是「半馬」出現了，只要跑 21 公里即可完成目標；跑完了半馬，就可以往「全馬」的目標前進。只是對於大多數人「半馬」還是很困難，於是又有了更小的「迷你馬」10 公里賽程。

我年輕的時候曾跟著擔任登山社嚮導的老哥爬雪山東峰，第一次爬山的我，揹著 30 公斤的裝備，走著彎彎曲曲的山路，似乎走不到盡頭，一直問著老哥說：「什麼時候才能爬到山頂？」

老哥指著可以看到的山頭說：「有沒有看到那座山，翻過了那座山就到了。」於是我有了一個目標，就是爬上眼前這一座山。

等到爬上了那個山頭，才發現還沒有到，一山還比一山高。

我又問了一樣的話：「什麼時候才能爬到山頂？」

老哥還是笑了又笑：「爬過了這座山頭，就真的快到了。」

就這樣子經過了無數的山頭，終於來到了雪山東峰的山頂，拍了畢生第一張的登頂照。雖然每次完成一個目標後，發現還有別的目標，但至少每一個山頭都感覺是可以完成，還是可以讓內心充滿希望，一個關卡一個關卡地達成目標。

《刻意練習》一書的作者，建議讀者把學習目標拆解成小步驟，然後每回訓練時間雖短，但是目標很明確，將問題拆解成更小單位一個一個擊破。因此，當我們面對一件過於複雜龐大的事情時，可以將之拆解簡化，讓目標更簡單，這會讓自己更有意願且會有完成的希望而持續努力。

● 申論題以小子題為單位

申論題的撰寫也是一樣，很費工，寫個一題 600 字就要花上 25 分鐘，寫完就像是跑完全馬一樣沒力了，若非強大的意志力，一般人很難持續下去；如果每天都要求自己要寫個兩題，50 分鐘的漫長時間，上班已經很累，還要花費 50 分的燒腦時間，很快就消磨掉了鬥志。然而申論題就是要多練習，如果因為不想寫而不練習，考上的機率就會低許多；因此，我們可以採行「簡化練習法」的概念，將考題拆解，讓我們的本性因為簡單而更願意去練習。

譬如說下列 2013 年高考的民法總則考題，一個大題裡面有兩個小題，分別是考「限制行為能力人受僱契約是否要法定代理人同意」，以及「代理公司簽訂房屋買賣契約」，當考生複習到

行為能力，只要寫第一個有關行為能力的小子題就好，第二小題代理的部分可以先略過不寫，等到複習到代理的部分，再來撰寫即可。

甲19歲，高職剛畢業，未得法定代理人允許，受僱為乙建設公司之職員，奉公司之命，代理公司與丙簽訂房屋買賣契約，請問：

（一）甲、乙間之法律關係如何？

（二）乙、丙間買賣契約之效力如何？

【102高考-民法總則與刑法總則】

　　一題申論題練習撰寫的字數大約750字（假設實際一題600字，平時練習字數會多一些），二個小子題只寫一題，大概只要寫375字；每分鐘30字，大約只需要花不到12分鐘的時間即可，省了非常多的時間與精力。

　　剛學過或複習行為能力完成後，印象很清晰，針對行為能力的小子題來練習，效果會非常卓著，也很有成就感。如果同時練習代理人的另一個小子題，因為尚未學習或還未複習，一看到題目不會解題，也會影響解題信心。

● 只需要把思考邏輯寫下來

　　大多數考生都是在職生，利用下班時間跑補習班、聽函授影片，累得半死，等到練習寫申論題時，可能連筆都提不起來，這時候即使只是練一個小題，也未必有時間與體力可以完成。

　　正如同我們練習一場天鵝湖的舞蹈，在還沒有正式開演前

的練習，不需要化舞台妝，也不需要每次花很多時間在穿著表演服裝，只要輕便服裝、不施脂粉，任何時間、地點都可以進行練習，不要讓這些繁瑣的表面功夫影響到真正的內容演練；同樣地，撰寫申論題練習也是一樣的道理，我們不需要每次都耗費大把的時間去寫 600 字，寫字很花時間與精力，需要練習的應該是解題的思維邏輯。

這時候我們可以簡化解題內容，原本一個小子題要寫 250 字，可以修正成畫出「法律體系圖」，搭配上「重點縮寫法」，可以讓解題的速度更快。

民法總則的考科中「行為能力」是常見的考題範圍，一樣是剛剛的考題，如果不熟悉行為能力法律體系的同學，可以參考右圖，先回憶行為能力的法律體系圖，再閱讀後續說明，以免因為不熟悉條文，不清楚後續方法該如何實際運作。

右頁是我自行繪製的行為能力體系圖。在準備法律科目時，你有這樣子的體系嗎？如果沒有，上考場時很容易會因為考場的緊張氛圍而大腦一片空白。

有同學或許會問，是否只要邏輯架構在，就不會發生大腦空白的現象？

試想看看，你會忘記你家的空間分配嗎？你會忘記捷運站的順序嗎？從捷運站回家的路你會忘記嗎？答案是不會，有邏輯的體系如同空間、路線導航，人的大腦很善於這方面的記憶，即使在考試也較不會出現腦子空白的現象。過去因為你記憶的知識沒有建立有邏輯的體系，學習的內容又亂七八糟擺放，在考試極度緊張的壓力下，大腦會發生空白的現象。

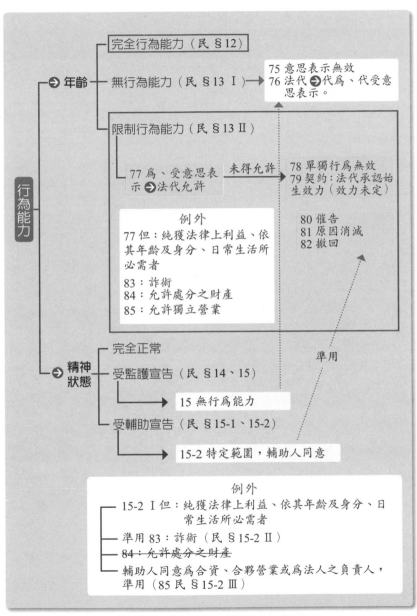

● 反覆練習體系記憶之思維邏輯

依據前行為能力之法律體系，把可能的考點寫出來。

考題思考點	關鍵內容
行為能力，年齡的分類	・12（成年人，完全）、13 I（無）、13 II（限制）
限制行為能力人買賣未得法定代理人允許	・可以在限制後面繼續寫法條思考邏輯關係，13 II（限制）→ 77 本文（意思表示應得法代允許） → 78 未得法代允許單獨行為，無效 → 79 未得法代允許契約行為，效力未定
是否有法代的例外情形	・77 但書，純獲 ・77 但書，日常 ・83 詐術 ・84 允許處分財產 ・85 獨立營業
如果法代猶豫不決，怎麼辦？	・80，催告 ・82，撤回
有其他情況，怎麼辦？	・81，原因消滅

↑ 依據考題寫出重點

如果已經熟悉相關條文之後，接著我們來實作看看。用 2013 年高考的第一小題學習如何善用「重點縮寫法」，讓沒有時間寫 600 字的同學，在短的時間內就可以完成申論題練習。

甲 19 歲，高職剛畢業，未得法定代理人允許，受僱為乙建設公司之職員，奉公司之命，代理公司與丙簽訂房屋買賣契約，請問：

（一）甲、乙間之法律關係如何？

（二）乙、丙間買賣契約之效力如何？

【102 高考 - 民法總則與刑法總則】

　　審視題目的時候，通常我們會把相關條文寫在考題紙張的上方再開始撰寫，「重點縮寫法」就是類似這樣子的概念。（參考下表）

一、民法第 12、13 條年齡有關的基本架構

　　㈠依據 102 年高考第一小題的考題內容，寫出民法第 12、13 條年齡有關的基本架構，這時候不需要寫那麼多條文的字，只要寫下第 12 條（成年人，完全）、第 13 I 條（無）、第 13 II 條（限制）。

　　㈡因為這一題是考限制行為能力人，與無行為能力人無關，只需要寫第 12 條（成年人，完全）、~~第 13 I（無）~~條、第 13 II（限制）條即可。

　　㈢若是條文也熟悉了，練習時只需要寫下第 12 條、第 13 II 條。

二、未得法定代理人允許

　　㈠在練習解題時，只要把相關體系涉及的題文列出，包括第 77 條本文（意思表示應得法代允許），如果未得法定代理人允許時，第 78 條單獨行為無效、第 79 條契約行為效力未定。

　　㈡因為一般考試都是考契約行為，所以只需要寫第 77 條本文（意思表示應得法代允許）、第 79 條契約行為效力未定。

　　㈢若是條文也熟悉了，練習時只需要寫下第 77 條本、第 79 條，可以大幅度縮短練習時間。

練習階段	撰寫內容
第一次	・第 12 條（成年人，完全）、~~第 13 I 條（無）~~、第 13 II 條（限制） ・第 77 條本文（意思表示應得法代允許） ・如果未得法定代理人允許時，第 78 條單獨行為無效、第 79 條契約行為效力未定。
第二次簡化 只考限制行為能力人、契約行為，沒考的就不需要寫進解題內容	・第 12 條（成年人，完全）、第 13 I 條（無）、第 13 II 條（限制） ・第 77 條本文（意思表示應得法代允許） ・如果未得法定代理人允許時，~~第 78 條單獨行為無效~~，第 79 條契約行為效力未定。
第三次再次簡化	12、13 II 77 本、79

⬆ 逐漸簡化答題內容

　　透過上述的思考邏輯，只要寫下法條條號、重點內容即可，如上述右欄中，一般考題最後簡化到只需要寫下第 12 條、第 13 II 條、第 77 條本文、第 79 條，大約僅有 20 字不到，未必需要每次練習都寫到 250 字。

　　但是也不能每次都只是採用「重點縮寫法」的方式進行練習，等到每週六或週日比較有時間時，再把考題正式練習地寫過一遍，經過多次的簡化練習，只要搭配一次或兩次的正式練習，效果反而會更好。

● 如何練習完美的申論題？

　　以全國國中會考的作文成績來觀察，六級分僅占 1%，對於現在動輒 6% 的國家考試錄取率來說，並不需要做到頂尖，只需要做到「穩定」就好。譬如說每一題申論題不需要追求 25 分滿

分，只需要追求六成，也就是 15 分即可，四題加起來也有 60 分，每一科都能穩定在這個成績上下，基本上就能考上。

格式很漂亮、邏輯能一層一層地推演，是每位考生夢寐以求的事情，我以前也是這樣子以為，總是希望寫出完美的解題格式，但也因為要求太高，每次都做不到，不斷受到挫折打擊，就愈來愈沒有動力練習申論題。

實際上，大家都對自己要求太高了，格式好固然有機會拿到高分，但考試能過就好，寫不出高分也沒關係，只要內容都有寫到考點，還是可以拿下相對高分。

真正能寫考題的時間很有限，連我們這些專業老師，要把答案寫得很完美，事後都要推敲很久，更何況時間緊迫的考生，能寫完就很不錯了；平常練習也是一樣，能夠有完美的推論固然是好事，但也要練習一個版本：如果在考場沒有時間寫出完美版本，簡單版本該怎麼寫？

因此，在大腦可能有一點空白的考場壓力下，抓緊三段論法的基本原則，把想到的問題一個一個回答，可以採用「條列式」的方式。有些題目一眼就可以看出答案者，可以先把答案點出來，再寫出自己的理由。（如下）

一、ＸＸＸ 得主張 ＸＸＸ，理由如下：
　(1) ＸＸＸ
　(2) ＸＸＸ
　(3) ＸＸＸ
二、結論：再把一開始的答案寫一次。

有些答案一下子看不太出來，所以一開始的標題就無法直接寫答案，這時候標題只要寫想要討論的部分而不必寫答案，接著邊寫邊推導出答案，並且在最後的結論中寫下答案，其答題結構。（如下）

一、ＸＸＸ 的部分：
　　甲、ＸＸＸ
　　乙、ＸＸＸ
　　丙、ＸＸＸ
二、結論：ＸＸＸ 得主張 ＸＸＸ。

有同學問我補習班教材有提供「甲得就 XX 對乙主張民 X 條 X 項請求權」、「甲之 XX 行為已涉刑法 X 條 X 項」這樣的下標方式，可是寫的時候卻有點卡卡的，該怎麼辦？

首先，對於這些格式我沒有什麼意見，但一開始的標題簡單就好，反正還有結論，結論再寫清楚一點即可。換言之，我會採取比較簡單的格式來寫一開始的標題。（如下）

・甲得就 ＸＸ 對乙主張民 Ｘ 條 Ｘ 項請求權→甲得主張 ＸＸＸ
・甲之 ＸＸ 行為已涉刑法 Ｘ 條 Ｘ 項→甲涉嫌刑法 ＸＸＸ 罪

完美當然是大家追求的目標，但是太完整的內容很浪費時間；考試時間很有限，你很難寫出完美的東西，只要寫的內容有點到考點是最重要的。一般補習班每次考完試都會說，某一本書第幾頁精準命中。這種廣告台詞就很幹話了，那麼多內容，所有點都寫到，當然命中囉！問題是考生有看到嗎？看到了能記得嗎？記得了寫得出來嗎？同樣地，補習班當然會要求很完美的模板，但很多完美模板並沒有太大的意義，因為閱卷老師通常看不到那麼多完美的細節。

　　如同前面我所建議的第二個模式，在考場時不要太早下結論，否則寫下去可能會發覺跟自己標題不太一樣，愈寫愈會感覺卡卡的；先把題目的關係圖快速畫出來，點出可能的爭點，腦中想出相對應的法律體系圖，條列式的結構並沒有不好，一點一點、一層一層次地去解，不必拘泥於完美格式。

刑法三階論法 / 法律三段論法的實際應用

　　刑法的三階論，不需要每一題都把構成要件、違法性、有責性寫出來。

　　很多人把每一個題目都要寫出構成要件、違法性、有責性，空有架構，到最後沒有時間寫內容。譬如說，題目只是問違法性的一個「誤想防衛」爭點，構成要件、違法性、有責性的階層架構並非考點，就可以省去不要寫，直接切入重點論述即可。

　　法律三段論法，也不必都是標準的三段論寫法。（如下）

◎ **大前提：理論上是包括條文、學說、實務見解、吾人以為，但有時候只有條文寫一下，沒有學說爭議，也沒有實務見解，當然也不必寫出自己的見解。**

◎ **小前提、結論：大多數時候小前提與結論是寫在一起。**

重點摘要

1. 平常只需練習一個小子題。
2. 練習時只要寫下邏輯思考的過程，最後只寫下條號即可。
3. 有時間再練習寫完整的內容。
4. 不要拘泥於格式，考試時間緊迫，也可以用條列式方式寫出重點。

20

分享：大腦重新解構知識的過程

● 讀書會的功能

在臉書許多國考社團裡面，雖然都是幾萬人的龐大社團，實際上的貼文點讚者寥寥可數，只剩下一堆廣告貼文，還有一種貼文比較受到關注，就是組讀書會；當有同學提出要組成○○考試的讀書會 Line 群組，一堆人就在底下 +1。

當加入這些群組時，一開始大家還會熱心參與，彼此分享各種考試的訊息，討論一些難解的題目，氣氛相當熱烈；隨著時間的經過，到後來通常就變成一兩個人在分享，其他人就是單方面的吸血族，然後慢慢地每一位成員的熱度減低，最後只剩下一些負面的訊息，直到無疾而終。

分析讀書會大多無疾而終的原因，主要是 Line 群組是一個即時性對話的平台，一個人講話很容易洗版，如果沒有講到重點，久而久之就成為聊天的空間，真正的討論反而難以聚焦；另外，自己不藏私的分享，如果沒有獲得相對應的鼓勵，也會減少分享的動力，慢慢地就變成被動的吸血族。

讀書會的三個功能
1. 提供考試資訊與準備經驗
2. 考生互相勉勵與打氣
3. 藉由討論與分享過程，讓自己大腦可以重新解構知識

讀書會最有價值的地方應該是第三點。如前文所述，「分享」是知識整理解析、建構體系後，才將最後的結果分享給對

方，並且還可以透過對方的回饋，反思自己知識體系的破綻與不足，讓自己的知識更完備；反之，「被分享」只是獲得知識的結果，並未能歷經知識整理解析、建構體系、分享回饋的三大過程，唯有分享者才能享受這三大過程對自己學習力量的精進。

分享者	被分享者
1. 整理解析	
2. 建構體系	1. 獲得知識
3. 分享回饋	

　　因此，如果讀書會無法讓自己大腦重新解構知識，那也沒有必要參加了，畢竟現在網路資訊很方便，上網找到的資料很多，也可以找到許多考生能互相取暖。

　　因此，如果讀書會的成員素質還不錯，也願意定時討論一些小議題，這時候就很適合參與討論，讓自己大腦可以重新建構完整的知識體系。

● 讀書會成員：比自己強一點的「微前輩」

　　想要持續成長，就要靠分享。因為分享會讓你大腦歷經知識整理解析、建構體系、分享回饋的三大過程，而讀書會是一個很好的平台。

　　我第一次參加的讀書會，是在中原大學就讀財經法律研究所時所組成，當時沒有線上讀書會，都是實體讀書會，成員都是同所的研究生，素質都非常不錯，讀書會成員要找的就是「微前輩」，在某些領域中比你強一點，且努力向上足以成為你的學習對象，並且能互助成長的人。

由於平時大家都忙著上課，每一堂課的作業很多，所以一週只有聚會一次，每一次的運作方式就是輪流上台報告一個主題，其他成員則提出問題，讀書會成員相互進行討論。

法律的主題相當多，如果一年舉辦 52 次，不分重要、不重要通通列為討論的主題，考試科目那麼多，恐怕連民法一科的主題都討論不完；所以主題必須是重要、常考且有爭議性，如果是近期期刊論文有討論的主題，或者是近期熱門時事議題，也都可以拿來討論。我們進行的方式如下：

準備紙本資料

上台報告者必須整理相關資料，包括教科書內議題的相關內容，各種學說、實務見解，以及最新期刊資料與自己的見解，有點類似平常交的「小報告」，並在讀書會開始前每人發一份紙本資料。

簡報方式呈現

報告人可以用簡報檔的方式發表呈現，報告時間可以設定為 15~30 分鐘。

發表個人看法

報告完畢後，其餘成員必須針對此議題發表個人看法。

發問與討論

接著由其餘讀書會成員針對此一議題進行發問，由報告人進行回答，最後則進行自由討論。

　　線上讀書會也可以透過線上會議軟體，分享彼此的資源，定時針對特定主題分享自己的研究，並且交互詰問、自由討論，一樣可以發揮很好的效果。如果只是沒有任何規則的隨興分享，隨著時間過去，有人抱怨沒有收穫，有人抱怨有些人只是吸血族，有些人感受不到應有的尊重，都會導致讀書會無疾而終。

● 報告人的大腦重新解構

準備期

　　報告人為了要完成這份小報告的發表，從找資料、彙整資料的過程中，大腦逐漸形成這個知識體系，理解各個學說與實務的見解差異後，還要整理出自己的想法，並且在製作簡報檔過程中不斷地修正，如此一來就會建構出這個主題的知識體系，這是第一個重要關鍵。

　　一把好的刀要經過千錘百鍊的淬鍊，一個初成型的知識體系還要經過讀書會成員的質疑，才能逐漸去除掉雜質，成為一把傳世的屠龍寶刀。

上台分享期

　　第二個重要關鍵，就是實際解說的過程。報告人在緊張情緒中，每講一個觀念，會先從大腦抽離出所要分享的知識，然後做最後確認再講出口，有時候講著講著會發現怎麼邏輯不太對，這時候會自覺式地發現自己剛建立的知識體系原來還有許多漏洞。當漏洞愈來愈少時，知識體系就能愈來愈完整。

交錯攻防期

最後，也就是第三個重要關鍵，來自於其他讀書會成員的提問與質疑。自己的知識系統常會有盲點，必須靠第三者點出問題，幫自己發現看不到的盲區，才會思考怎麼將這個漏洞補起來，完善自己的知識體系；在自己嘗試著答覆的過程中，也可以利用別人的觀察與知識來補強自己的不足。

● 善用科技

科技可以讓你有更多的聽眾，像是 Line 群組，成百甚至於上千人在同一個群組，發了一個訊息就可以讓這麼多人知道，把知識分享給大家，並且獲得大家的獎勵、批評與回饋，不再是過去一週只能聚會一次的實體讀書會模式。

當同一則訊息不斷出現在不同的群組時，代表這一則訊息很熱門，大家都想要把看過的訊息分享給別人；但這些沒有經過消化或分析過的資訊，品質就有點糟糕，有時候還會出現假訊息，群組多了、資訊多了，有時候反而讓人困擾。

分享吸收內化後的資訊

由於時間有限，我會善用 Line 群組或臉書，譬如說除了在 Line 群組打招呼，分享新聞或一般文章資訊外，我也習慣把資訊吸收消化之後，然後加上自己的看法，再分享給別人。

對於沒有分享經驗的朋友，這個過程可能會很難，也可能沒有人回應，但凡事起頭難，就算只是針對單一事件進行評論，可能只是對新聞中的一小段話提出自己的看法，都是很好的學習。

分享方式效果比較

吸收內化

看完資訊吸收內化後，轉換成
容易理解的語言後再分享。

單純轉貼

只是貼新聞、影片連結。

譬如新聞中某甲遭乙辱罵，某乙持刀砍殺甲，是否屬於正當防衛？ 18 歲成年的修法，你是否支持呢？你可以簡單表達一下自己的看法，並附上論述的依據，最後也可以請大家發表意見。

深度分析，找出真正的原因

　　更進一步，可以嘗試對於某一件事情的來龍去脈進行更深度地分析。首先必須要找到問題，譬如筆者進行理財講座時，覺得應該是上了年紀的朋友才有理財的需求，但在長期詢問理財學員，甚至於利用 Google 表單請大家幫忙投票統計後，發現參與的學員平均出生在 1979 年前後。當發現這件事後，我一度不得其解，經過反覆推敲該年度出生的背景，發現這個世代為「第二團塊」，上有高堂老母、下有嗷嗷待哺，一畢業剛好遇上了經濟反轉的時代，未來的生活充滿壓力，房子也很難買得起、薪水也很難有所提升，有需要提升理財能力的急迫需求，這也許是會想來上我的課程的原因。

　　其他還有很多有趣的人生議題，譬如說為什麼士林夜市一堆招租的廣告，為什麼以前人山人海，現在卻逐漸沒落？少子化

的原因真的是因為沒錢買房嗎？經濟為什麼一定要成長？

慢慢地，你所發表的內容不再只是轉貼新聞或簡單評論而已，逐漸有許多數據分析、人文背景的研究，逐漸成為所屬社群的關鍵人物、意見領袖，對於一些事物的發展，大家都想要聽聽看你的意見。

批判主流見解

當你一步一步地培養出自己分析事理的邏輯能力後，深入分析事件背景因素已經難以滿足你，這時可以開始批判主流見解。這就需要一些勇氣，因為你的主張可能是與大多數人作對，要對問題的本質有更深入的理解，找出大家的盲點所在，並嘗試說服大家，否則會遭遇到極大的反彈。

其次，批評主流見解可能會踩到別人的利益，譬如說如果認為政府對於特定族群的補助是毫無效益，你提出的反對見解就可能會遭受到這些特定族群的反擊。如果你沒有準備好，就可能會遍體鱗傷。

評論的能力是逐步建立，不要一直停留在貼早安圖、轉貼文章的階段，當不斷利用分享來琢磨自己的能力時，你的大腦就會逐漸變得更強大。

第一階段 吸收內化	理解轉換成容易懂的內容，再分享給別人	範例：一則拯救妻子殺害小偷的新聞 · 找出相關考題：防衛過當。 · 分享自己對此案件的看法，是否屬於正當防衛還是防衛過當。
第二階段 深度分析	發現異常，找出各種可能原因，嘗試提出解決之道	範例：少子化成因 · 找出各種可能原因：薪資低、進社會時間短、宅宅化、獨立自主性、房價高等。 · 解決方式：引進外來人口。
第三階段 主流批判	找出與自己觀點矛盾的主流見解，提出事證鞏固自己的主張	範例：超徵稅收，普發現金 6,000 元 · 超徵稅收不代表政府有錢，只是代表實際稅收 > 預估稅收 · 損益表 1. 以上市櫃公司為例，A 公司 2023 年預估營收 90 億元，扣除成本費用 90 億元，本來應該打平。 2. 結果實際營收 100 億元，多出來的 10 億元營收就要退還給股東嗎？ 3. 上述預估的成本費用還不包括 15 億元的特別預算（可以當作是業外損失）。 4. 100-（90+15）=-5，扣除掉成本費用還是賠錢，以上為損益表。 · 資產負債表：還有過去累積的 6 兆負債。 · 結論：怎麼會是普發現金的政策呢？

⬆ 逐步進化分享內容

重點摘要

1. 分享會歷經知識整理解析、建構體系、分享回饋的三大過程。

2. 讀書會成員應該要找在某領域比你強一點，且夠努力足以成為學習對象、能互助成長的人。

3. 讀書會應定時安排主題、成員輪流報告，並互相討論。

4. 利用科技軟體練習分享自己的看法、聆聽別人的回應，並逐步深度分析，找出真正的原因，最後要勇於批判主流意見。

第 4 篇

應戰篇

21

作文：讓閱卷老師留下高分

● 作文滿分 80 分，我只拿了 24 分

我大約在 2005 年開始在 udn 的網路城邦寫部落格，成立了「山林中荒廢的法律小屋」，當時打算推動「法律文字平民化」的工作，所以幾乎是一天一篇，每天絞盡腦汁寫出一篇篇簡單易懂的法律文章，連白雪公主、三隻小豬都拿來當作輔助教材。

後來隨著社群平台的增加逐漸擴展到其他如臉書、方格子等平台，累積至今已經有 1,760 篇文章了，幾乎一天寫一篇，並且把一些想法轉換成書籍出版，累積迄今也已經 36 本著作，在此過程培養出撰寫動人文章的功力，現在遇到作文題目，自己有信心可以拿取高分。

可是在此之前，在我國中升高中的時期，當時我算是一位作文能力很差的學生，因此我能夠將心比心，對於同樣是作文很差的朋友們，不會建議一些遙不可及的方法，而是會提出一些近在咫尺、唾手可得，實際上可以運行的考試策略。

先來說說我作文差到什麼程度。我還年輕的時候考過五專，當時作文滿分是 80 分，可是我當時只考了 24 分；也就是說如果滿分是 100 分，我考五專的作文才拿了 30 分，只有拿下及格分數 60 分一半的成績，作文能力真的差到了極點，碰到要考作文的國家考試就很吃虧，即使不考作文，法律相關考試都要考申論題，撰寫申論題也與文筆息息相關，這對我來說還真是頭痛的課題。

我退伍之後，插班考上輔仁大學法律系夜間部，插班法律系的考試也有考國文一科，除了國文常識之外，也包括作文，有幸以第一名考上，作文成績已經接近及格分數，但實際上自己的作文實力與考五專的時候相差不遠，這就牽涉到作文考試策略。

● 作文程度不佳時的應考策略

我們先不討論申論題撰寫的問題，那比較複雜，涉及三段論法的架構，本文在此先討論作文不好的同學，該怎麼做才能增加作文的成績。

一般來說，一般國家考試的考生，從決定考試到正式考試通常不到一年，作文能力想要在一年的時間內補救起來，確實是有點困難，即便是努力背誦古詞新詩等優美詞句，也很難在作文這個考試上有效且穩定地提高分數。

面對這樣子的殘酷事實，當時在當兵的我，面臨退伍後的插班考試，其中就有著作文這一個關卡，有自知之明的我，也不是那種遇到困難就乾脆放棄作文一科的個性。因為如果放棄作文，其他科目又拉不起來，那就會慘遭滑鐵盧，因此自己很明瞭一件事情，就是一定要找到一個應考策略來解決作文能力不足的問題。

● 閱卷老師的心態：第一印象法則

首先，考生必須先揣摩閱卷老師改考卷的心態。

我個人擔任過考試院的閱卷委員，如果真的要仔細批閱一題考題，大概要3分鐘，可是改考卷有時限，通常是十天，加上

一般教授平常在學校還要上課,不太可能整整十天都到考試院改考卷,可能只會去改個五到七天,致使每天要完成的考卷份數很多,批改一題的時間不會太久。

當然有些考試閱卷的份數比較少,但人是一種奇怪的動物,並不會因為閱卷份數較少,就會增加閱卷的時間,反而因為改考卷的天數變少,平均起來每一份考卷閱卷的時間還是差不多。

閱卷時間短,大約每改一份試卷只有 40 至 60 秒的前提下,「第一印象法則」就可以派上用場,如何讓作文的第一段凸顯出來,就很重要了;如果第一段的內容讓閱卷老師覺得這一篇作文的文采很好,基本上就成功一半了。

所謂「第一印象法則」,可以應用在人生很多地方,像是找工作的第一印象也很關鍵。或許你會覺得應徵工作的時候,面試官考量的是你的學歷、經歷、專長,其他因素應該都屬於其次,但實際研究發現未必是如此。

上述提到的這些項目,影響力未必有你想像得那麼重要。華盛頓大學的 Chad Higgins 與佛羅里達大學的 Timothy Judge 曾經針對此一議題進行過研究,發現其實還有一股神祕力量左右著面試官 [23]。

什麼神秘的力量呢?

這可真是令人非常好奇。但是答案也很簡單,就是第一印象是否讓面試官看得順眼。

如果順眼,面試時的表現只要不要出大錯,基本上就會有正向的解讀。個人認為可以搭配「框架效應」的概念,應試者如果

23 The Effect of Applicant Influence Tactics on Recruiter Perceptions of Fit and Hiring Recommendations: A Field Study,http://www.timothy-judge.com/Higgins-Judge%20IB-Recruiters%20JAP.pdf。國內也有許多其他相關研

客觀學歷、證照等條件差不多，只要被標記成為優秀，在面試官的眼中就是優秀；但如果是第一印象很差，那往後面試的表現就會總感覺很糟糕，不容易翻身。

第一印象有哪些呢？

乾淨清爽是基本，如果人長得帥、美，面試者與應徵者剛好又是異性，自然會有加成的效果。此外，談話有禮得宜、讓人感覺充滿熱情，臉上總是帶著親切的微笑，不自覺地恭維對方而且讓人覺得很真誠，這些都是好的第一印象，只要第一印象能討人喜歡，工作經驗、專案經驗等其他項目就不是那麼重要了 [24]。

作文也一樣，適用第一印象法則。

● 套用版型的策略

閱卷委員閱卷的時間只有 40 至 60 秒，所以不太可能用深度思考的方式來評斷你的文章，表面文字功夫就相當重要。我個人的策略是挑選一個有感覺的「版型文字串」當第一段，所挑選的「版型文字串」必須適用 70% 以上的題目，這一個策略可以幫助文筆很差，但又要面對「作文」這一科的考生們，取得「穩定且不錯的作文成績」。

究，可以在「臺灣博碩士論文系統」搜尋 "NFLUENCE TACTICS"，在以「求職」關鍵字縮減搜尋範圍。
24 Richard Wiseman，《怪咖心理學 2》，第 54 頁。

例如我早期在考插班大學的時候，那時候使用的是「人生有如滄海之一粟，是如此地短暫、渺小，一個人遊蕩在茫然的世界中……」，譬如說：

斜槓人生的啟示與反思

人生有如滄海之一粟，是如此地短暫、渺小，一個人遊蕩在茫然的世界中，如果一生只做一項工作，無法體驗不同工作的樂趣與挑戰，對於短暫的生命而言，在走向人生終點之際，回頭一看自己的人生，居然是這麼的單純與空虛，不是非常可惜嗎？…… 【2022 普考】

我對樂觀的看法

人生有如滄海之一粟，是如此地短暫、渺小，一個人遊蕩在茫然的世界中，總是會面臨各種艱困的挑戰，如同暴風雨中的海上，一波又一波的大浪不斷地襲來，讓挺立在船頭的我如同不斷地感受「大怒神」遊樂設施的高低落差，心中充滿著無比的擔憂，在大海中的這一葉扁舟又能抵擋多久？然而，黎明出現之前總是有讓人害怕的黑暗，與其在黑暗中惶惶不安，還不如抱持著樂觀的心情期待著黎明的到來。只要有希望，我就依然可以前行，只要挺過下一個海浪，也許就是回歸平靜的海浪…… 【2021 三等司法特考】

● 版型策略，讓你一定能寫出來

很多人作文寫不好，原因在於不知道要寫什麼而無法下筆，浪費太多時間構思。

考試的時間很緊迫，隨著一分一秒過去，會讓自己更無法下筆，結果心情愈發緊張，很難寫出一篇好的文章；當你找到一段文字可以套用在大多數的題目中，稍微想一下該怎麼銜接，大概規劃一下每一段落起承轉合該寫的內容，並且平常多練習幾次，只要一看到題目就能下筆，一下筆就有如神助，寫出一篇順暢的文章，成績自然不會太差。

「版型文字串」是否有不適用的題目？

如前所述，「版型文字串」大概只能適用於 70% 左右的題目，所以可以多設計 2、3 套版型，讓涵蓋率儘量拉高。此外，閱卷者的習慣除了第一印象外，中間的段落如果沒有讓人覺得很驚豔，通常也不會花太多時間閱讀，但是閱卷者還是會遵循從小培養出來「有始有終」的態度，最後一段通常還是會比較仔細看一下考生如何收尾，所以如果「結論」也有不錯的版型可以套用，也可以讓作文成績穩定一些。可別讓閱卷者一開始看了覺得不錯，但要打分數時的最後一段又突然覺得普普通通，如此一來前面第一段的努力可是會功虧一簣。

話說回來，還是希望大家都有好的作文實力，遇到各種題目都能行雲流水地寫出一篇好文章。這種「版型文字串」只是針對作文實力普通或不好的考生，一種暫時性應對考試的取巧機制，可不要一輩子都只靠取巧的方式喔！

重點摘要

1. 作文能力不佳的同學不要斷然放棄，而是應該要積極找出一套應考策略來解決這個問題。
2. 閱卷老師的閱卷時間短，可以善用「第一印象法則」，如果第一段的內容讓人覺得文采很好，基本上就成功一半了。
3. 第一段與結論各設計 2 到 3 套「版型文字串」，讓自己臨場不慌，稍微想一下可以馬上設計出每一段落起承轉合的內容。

22

建立高錄取率的信心

● 94% 的落榜率，轉念成為 55% 的上榜率

2008 年金融海嘯時，因為經濟不景氣，許多人開始被迫放無薪假，22K 工作的出現與不穩定，使得人們開始思考要不要轉戰國家考試求一個穩定的工作，這股不安的氣氛一直延續到 2013 年，來到國考人數的高峰（如下圖）。

相較於 2009 至 2013 年國家考試報考人數高峰，目前隨著經濟逐漸轉好、公務人員福利遠不如以往，現在報考人數降低，錄取人數波動不大的環境下，錄取率已經高了不少，大概從 2% 移動到了近 6% 的錄取率。

然而，即使錄取率提高了不少，還是有高達 94% 的朋友會落榜。對於很多考生來說，高落榜率會影響考試的信心，也會影響考場上的自信心，如果無法讓考生產生自信心，考場上的表現

建立高錄取率信心之競爭對手計算法

報考人數	錄取人數	錄取率
2,262	69	3.05%

拆解比較 後錄取率	到考人數 1,243 5.55%
實力考生 622 11.09%	頂尖考生 124 55.65%

也會受到一定程度的影響。

　　回想起我當年通過國家考試的錄取率也差不多 3% 之間，如果一直想著 97% 的考生會考不上，就會少了前進的動力，後來我思考出一個提高自信的計算方法。

　　2,262 名考生，錄取 69 人，若是以 2,262 名考生來當分母，錄取率才 3.05%；然而一般到考率 70%，當年我報考的到考率更低，才 55%，所以實際來考試的學生僅有 1,243 人，計算下來錄取率已經提高到了 5.55%。願意進入考場的考生有很高比例是沒準備或剛準備，遠遠不是我這個法律背景的對手，這類型的考生大約占有 50%，所以僅剩下 622 人；算到這裡，錄取率已經提高到了 11.09%，大約每 9 人就可以錄取 1 人。（如上圖）

最後在這批 622 人之中，程度好的大概只有兩成，所以真正的對手只有 124 人，錄取率又提高到了 55.65%，超過一半的錄取率；從原本只有 3.05% 的錄取率，不斷篩選掉無用競爭者的方式，會發現錄取率其實高達 55.65%，幾乎是每 2 個人就可以錄取 1 位。希望無窮，只要自己實力到位，就算是排隊也能排上，就更有動力努力唸書了。

● 林書豪的幸運儀式

前文有提到，一個響指就可以進入專注的學習狀態，同樣的方式，我們也可以透過一個響指或其他幸運儀式，讓自己進入到最佳的戰鬥狀態。

除了考生以外，很多領域的高手也會在賽前進行一定的儀式，讓自己心靈平靜、充滿勝利的信心，一個大家耳熟能詳的例子，就像是美國職籃明星、華裔選手林書豪，他在賽前會做出許多動作：書呆子擊掌、基督徒禱告，他深信在做出這些動作之後，表現就會非常的好。

我時常在外演講或者是自辦講座，上台對我來說一直是很緊張的事情，還記得第一次上台擔任老師是在新北市板橋國小擔任一堂課的實習老師，當時才專科二年級，16 歲的我面對一班 50 人以上的高年級學生，實在非常緊張，而且那一所學校管教很嚴格，幾乎班級地上掉了一根針都會聽到。當時是靠著緊捏在手指頭的一張小紙條，上頭預先寫了當天實習課程要講授的內容，藉此引領我接著應該對這一群只比我小 6 歲的高年級小朋友們要講什麼話。

後來因為我自己研究法律、資訊安全、隱私權，常常受邀到各政府機關、民間機構講授相關課程，一年甚至於有高達 70 場次的經驗，照道理來說應該是駕輕就熟，但我實際上看到很多人還是會緊張，喉嚨縮緊很難放得開，要開講 20 分鐘之後，才能夠逐漸感覺到放鬆與自然。

記得有一次對某政府高層演講時，底下都是高階主管，心情上有點緊張，那時候進場前踮起了腳跟撐個 5 秒鐘，深吸一口氣，然後讓腳跟重重墜地，透過繃緊與放鬆的過程緩和自己的緊張氣氛，後來那一場演講非常順利，現場嘉賓與我互動親切，最後並贏得了滿堂彩。於是後來我把「深吸一口氣、踮起腳跟、墜地放鬆」當成自己的幸運儀式，只要演講前就做個一次，讓自己回到當初成功的情境，就會把最好的一面呈現出來。

↑ 幸運儀式示意圖

從這一次的經驗中，大家可以將自己表現良好的經驗，回想起曾經有做過什麼儀式，或讓自己嘗試放鬆的動作，這些動作可以設定成自己演講、考試、比賽前的一個儀式，執行完這些儀式就可以進入自己的最佳狀態。

重點摘要

1. 報考人數並不代表真正的競爭人數，拆解考生的能力會發現只要自己能力到位，錄取率還是相當高。
2. 透過一個響指或其他幸運儀式，讓自己進入到最佳的戰鬥狀態。

23

假裝法則：將大腦調成一樣的頻率

● 我也想要三太子上身

我還在唸國中的那段日子，可真是不堪回首。

國中當時可以說是一片混亂秩序，如同日軍侵華時期的上海灘，拳頭就是力量，老師不代表秩序，學壞的、打架的，每天都在教室上演全武行，放學後更是緊張時刻，因為常常會被人邀請到廁所溝通溝通。

我因為學了一些柔道，尚能自保，有人上前挑釁，就算與對方扭打起來，通常還能將對方壓制在下方。有一次，一位個頭矮小，常常喜歡招惹事情的皮蛋因一些瑣事與我扭打起來，我以一個柔道大外割輕鬆制伏對方，但這廝也不拍打地板求饒，反而極力想要掙脫，持續一陣混亂的扭打過程中，一不小心整張臉正正地塞進了對方的屁股中間，還無法立即移動，硬是逼迫我體驗一趟模擬「抽水肥」現場，一股腥臊味可就直接湧入了我的鼻腔中，這傢伙是上廁所都沒擦屁股嗎？

前文有提到密西根大學的研究，介紹當書面健康文字與圖片一起呈現時，它們會吸引更多注意力的章節中，上述研究中針對如何推廣健康食品，提出驚訝（surprise）、疑問（question）、視覺化（visualization），以及情感訴求（emotional appeal）四個策略。說真格的，驚人的刺激味道讓人驚訝，驚訝又促發了強大的記憶，有時候想不起來國中到底學了啥數學或理化知識，但這位皮蛋同學屁股的味道怎麼就久久無法忘懷。

除了打架鬧事之外，還常常在下課時段欣賞國中同學在學校廣場起乩。

我所就讀的國中，它的校舍是一棟三層樓的建築物，教室建築是一個口字，中間就是花圃，一年級的教室要爬到三樓，下課時常常聽到一樓有騷動，最讓同學好奇的常常有同學在一樓就自行開始起乩。

當時整個社會在農業、工業的轉換之中，普遍還是比較迷信，學生則是流行玩碟仙什麼的遊戲，在繪聲繪影之中，填滿了我們對未知世界的好奇；課堂上，有一些會講鬼故事的老師更是比較受歡迎，學生們對於神鬼之說、靈異現象可是充滿了好奇之心。

因此，在此社會氛圍的背景下，許多同學在一樓廣場開始起乩，在那個時代背景也算是正常，最常見到的就是三太子附身。

這些同學起乩的時候，除了全身發顫之外，陰陽怪氣的聲音更是讓我們這些傻傻的國中生嘖嘖稱奇，心裡幻想著難不成三太子真的透過眼前這副臭皮囊下了凡間？不知道是否可以求到一些財富？可不可以問起乩的同學升高中考試可以考到哪一間學校？或者是自己也幻化成為三太子，有無窮的神力，拿著帶刺的棍子往身體上打，即使血流了一身也不會疼痛。如果參加升高中考試時三太子上身，任何艱難的考題自然而然都能寫出來，那該有多好啊！

● 寫出類金庸的武俠文筆

再舉一個我個人經驗的例子。我早年曾經接受過嚴格的語文訓練，唸過四年的語文教育學系，雖然最後被退學，有點慘，不過並不影響自己堅實的語文實力，從小到大讀過的古文可以說數不勝數，再加上國中歷經嚴格的打罵教育，少一分就用粗大的藤條打一下，在這種艱困的學習環境中，從骨子裡就打入了不少的古文因子。

然而，時至今日，要隨手寫上一篇古文，還是有點困難，畢竟平常白話文講多了，要突然之乎者也就有點轉不過來。

有一次，服務機關的警衛大哥想要出版一本書法冊，但文筆不好，得知我出過幾本書，想要請我幫忙寫個序文。這位警衛大哥年輕時可是個北拳高手，從泛黃的照片中可以發現肌肉結實，照片中耍棍的姿勢雖然只是擺個樣子，但大腦推演的功夫，依舊似乎能看出棍打一片形成的棍風從我額頭拂過，差那一寸恐怕就腦漿塗地了。

當時他跟我要求就是內容要「文武雙全」，對於這個要求還真的讓我嘴巴歪了一邊，不知道該如何是好；不過，看著警衛大哥年輕時威武的樣子，很快就讓我想起了自己年輕時習武也有各種不實際的幻想，諸如以為自己能一個閃轉騰挪、鷂子翻身，然後把壞人輕鬆制伏，或者是輕輕一跳就可以翻躍數丈高的圍牆，於是想要幫這位警衛大哥寫一篇有俠客風情、古文版的序文。

我小時候蠻喜歡看武俠小說，也常常試著寫一些文言文，只

是突然要寫個序文還真是不知如何下筆。這時候，忽然想要學學《水滸傳》作者描述八十萬禁林軍總教頭林沖，學他那讓讀者讀得熱血沸騰的文筆；如今網路資訊還算發達，Google 一下也就找到了施耐庵的《水滸傳》，又瞧了一下金庸筆下《天龍八部》中所提到的北喬峰南慕容，如何拍桌一躍而起，帶個鷂子翻身，看著名師的文字描述，忽然有了那種文言文大師上身的感覺，立即研墨下筆、振筆疾書，譜了一篇歌頌著警衛大哥大開大合、文武合一的一篇序文，刷刷幾下電腦打字完成，交稿完工。

　　隔日交了差，警衛大哥一看把他寫成了武術大師與書法名家的結合體，那眉宇之間可真是滿意的不得了，幾句話居然能把只剩下一身肥肉的肉體描述成隱士高人，從此出入大門，遇到這位警衛大哥都被他奉為貴賓，熱情地與我打招呼，三不五時逢人就誇我文筆好，其實不過就是施耐庵加上金庸罷了。

● 藥命效應的神奇小藥丸

　　電影「藥命效應」，敘述男主角無意間取得一批神奇小藥丸，可以把自己破碎的知識串連起來，其中有一幕被房東小姐催繳房租，這時候剛好藥效發作，無意間撇見了房東小姐包包中的法律論著一角，馬上得知她在看哪一本書，也推知對方正在唸法律系且困擾於學期報告寫不出來的窘境，聊著聊著，立馬解決了房東小姐的困境，兩人也滾上了床單。

　　實際上，我們從小到大學過的知識遠遠超過我們的想像，只是在關鍵時刻總是沒辦法把這些知識有效地整合起來。考試的時候無法發揮應有的實力，是否考後常常懊惱怎麼寫出那麼幼

稚的内容?譬如說明明寫得出「纖手搓來玉色勻,碧油煎出嫩黃深」之類形容美食的話,但臨場卻只說出了「好吃」二字。

無論是三太子上身,還是電影「藥命效應」的劇情,或者是施耐庵加上金庸上身,我們可以善用「假裝法則」這個策略。

什麼是「假裝法則」呢?

● 假裝,直到變真

當時從不知如何下筆,到靈光乍現寫出一篇古文,關鍵就像是乩童在起乩的時候,會假設自己仙靈附體;講到乩童,似乎突然 low 了一些,換一個比較科技的講法,哈佛大學教授 Amy Cuddy 在 TED 演講中提到「Fake it till you make it(假裝直到成真」,並講述了她的一段故事 25。

Amy Cuddy 教授在年輕發生車禍受傷後,智力嚴重受損,只剩下 30,醫生估計她連大學都沒辦法畢業。從一個自認為聰明的人,發生車禍卻無法恢復往日的腦筋靈活,這讓她非常沮喪、喪失學習的信心。她擔心害怕到不斷努力、努力、再努力,中間穿插著一些幸運,終於拿到了大學學位,只是這一個過程,比同儕多了四年的時間。後來進入了普林斯頓,但一開始覺得自己並不屬於這裡,因為缺乏自信,看著每個都是國際頂尖高手,曾經智力只剩下 30,比別人多唸了四年才大學畢業的她,身處於頂尖學術殿堂,只是一個冒牌貨。

Amy Cuddy 在普林斯頓第一年的第一場演講,面對大約 20 人、20 分鐘,她很擔心被看穿能力不足,所以打電話給指導教授說:「我不想要參加演講,我不幹了。」指導教授回說:「妳

25 Amy Cuddy,〈肢體語言塑造你自己〉,https://youtu.be/v_vkoz1_nd8。

不能不幹，我已經賭妳會成功，妳得留下，妳必須假裝自己就是普林斯頓的學生，必須一直講下去，就算是妳腳癱了、怕死了。直到有一天，妳發現妳正在做普林斯頓學生都在做的事情，妳會發現自己已經真正成為普林斯頓的學生，而不是一開始假裝是的那一位。」今日，Amy Cuddy 不但順利拿到大學學位，更成為了哈佛教授和世界頂尖的心理學家。

簡單來說，就是利用大腦的機制進行「心理建設」，假裝自己是某某高手，久了就是某某高手了。

考生可以善用「假裝法則」的策略，對於考生而言，看過那麼多學術論著，一定有自己佩服、欣賞的大師著作，期待自己有一天也能寫出這種詰屈聱牙的文字，在考試卷上賣弄一下自己專業文字的風騷。

舉個例子來說，當年考行政法的時候，我最喜歡的是吳庚老師的《行政法之理論與實用》，挑選書中自己最喜歡的經典句子，在考試前 30 分鐘開始咀嚼一遍，讓自己行政法撰寫的節奏調整到與吳庚老師相同的頻率，這就是筆者所謂的「假裝法則」。

重點摘要

1. 無論是三太子上身還是電影「藥命效應」的劇情，或者是施耐庵加上金庸上身，我們可以善用「假裝法則」這個策略。
2. 蒐集自己最欣賞且有深度學者的名言佳句，考前把這些名言佳句唸一遍，讓自己大腦調整成相同頻率。

24

幸運物的信仰效應

● 竈門神社設計過的御守

你是否曾經對於隔天將要面對的考試感覺茫然無助？這時候的你需要一個能讓你穩定心境的玩意兒，有些人可能會跑去廟裡拜拜，也可能找個算命師卜上一卦，這些看似迷信的舉動，是否真的對自己的表現有所正向幫助呢？或者是更上一個檔次？我們不要稱之為迷信，而是信仰。迷信或信仰是否屬於不科學、不理性的選擇，還是有其一定的科學功效呢？

認識我的朋友大多知道我是一位很理性的人，對於神鬼、迷信之說，聽聞之後都是不置可否；這樣子理性的人，每次到日本旅遊時，卻很喜歡到各種寺廟參拜、求籤、買「御守」。

福岡寶滿宮的竈門神社，因為山上有更知名的天滿宮，還要轉一班車上山才能到的竈門神社，來訪的遊客並不會太多，但這間神社秋天的顏色非常動人，滿眼的楓葉紅是一個最能讓人放鬆心情的地方。

竈門神社最知名之處，除了楓葉紅之外，販賣御守的建築物交叉著傳統與現代的設計感，可是由知名室內設計師片山正通所設計，連帶有別於傳統單調設計的御守，裡頭所賣的御守也非常有設計感，看到這些漂亮的御守，有一股要全部買回來的衝動。

御守，類似於我國寺廟的平安符。我每次到寺廟的時候，都會去求個籤，希望得到一個大吉籤，再買一些御守保平安，我並不是一個迷信的人，但許多學術研究已經發現「因為有了幸運

26 The so-called "lucky golf ball": The Association for Psychological Science promotes junk science while ignoring the careful, serious work of replication，https://statmodeling.stat.

符，相信自己會更好運」這一點確實有此現象。

很多人眼中身上帶著平安符、御守的迷信行為，對我而言是一種讓自己降低壓力產生的焦慮感、平靜自己的身心靈，進而讓自己能發揮潛能的方法，也許很多人認為神鬼之說並沒有科學根據，但對於人類的大腦而言，卻有許多學術上的研究業已證明這種迷信、信仰可以減輕壓力、平穩心性、提高掌控感的積極效果。

● 幸運球的力量與「紅內褲世代」的凋零

心理學家達米施（Lysann Damisch）曾經做過一個研究：在高爾夫球比賽中，參賽者如果認為自己使用的球是進洞率很高的「幸運球」，相較於沒使用該幸運球的對照組而言，35% 的機率會表現得更好 26。

基於人們聽到持有幸運物會提高臨場表現的研究結果，我在出版《圖解民法》第五版以及《圖解法學緒論》第五版的時候，也分別舉辦了買書贈送「幸運手環」的活動，這個幸運手環特別拿到台北市文昌宮過爐，把手環香火加持時的影片分享給讀者，希望取得此書與手環的讀者在考場上能相信運氣已經相伴，藉此增加自信心，少了擔憂的大腦就可以充分發揮實力。隨後也愈來愈多拿到幸運手環的讀者、朋友反饋分享自己幸運的事跡，包括考上國家考試、通過證照考試、研究所考試等。

不只是幸運球，一本 2013 年探討銀髮族的《無所不在的銀髮商機》書裡提到「紅內褲世代」，大約是 1868 至 1935 年為止，這段期間出生的老年人相信紅內褲有益健康，日本最有名的

巢鴨地藏通商店街就是以販售紅內褲出名；該書分析紅內褲商機可能消失，因為這些相信紅內褲有益健康的人已經變老，大概在2015 年，紅內褲世代最年輕者也已經 80 歲，走不動了，難以自行搭地鐵到該商店街購買紅內褲了。

我曾經在 2016 年左右前往該商店街實地瞭解紅內褲銷售情況，發現確實有些人還是會專程跑去挑選紅內褲，但當時生意相當清淡，下午 5 點多整條街人煙就已經很稀少，代表「紅內褲世代」已經凋零，新的世代已經不太相信紅內褲帶來好運的效應。

不過，紅內褲效應還是存在於其他事情。因為紅色代表財富，過年打麻將要穿紅內褲，利用紅色帶來的財氣，希望能穿紅色內褲讓自己打牌把把好牌，連三拉三、海底撈月、自摸，甚至於有人因為男友打牌輸錢，回家把男友的褲子一脫，發現居然是因為沒聽其意見穿幸運紅內褲，為此吵到快分手。對於快要消逝的商機，其實還是有起死回生的轉型機會，不過這一點，因為不是本書主題，就不再此深究。

● 相信產生自信，讓大腦發揮「寧靜力量」

人類往往會因為擔憂而使得自己的表現變差，所以有聽過一種說法，網球選手要讓對方表現很差，可以詢問對手到底是如何才能打得這麼好，當對方思考自己的動作細節時，讓顯意識凌駕潛意識，潛意識受到了顯意識的干預，就會讓實際的表現猶豫不決、不順暢，藉此讓對方表現變差；換言之，透過一些人們眼中的迷信，把幸運符、御守放在身上，可以讓心靈放鬆，讓潛意識相信一切阻礙都已經不見，顯意識干涉程度降低，行為表現可

以在最佳參數中呈現，考試時該想到的答案都浮現出來，就能發揮超過 100% 的實力。

在科學上難以證明存在的神鬼之說，固然無法證明與好運之間有因果關係，但是有一件事情卻是經過眾多的學術論證：人們因為相信某些事物，會讓心靈平靜、表現穩定，發揮正常或超越正常的實力。這一點倒是無庸置疑，我們可以善用這一點，讓我們的大腦透過某種儀式獲得一股「寧靜力量」。

我當年考試時也是到廟裡求個平安符放在身上，讓自己相信在神明的保佑下，面對考試一定能夠有好的表現；當心情平靜之際，可以更專注、心靈更平靜地面對考試，自然能發揮應有的實力。

重點摘要

1. 學術上的研究已經發現相信幸運物可以減輕壓力、平穩心性、提高掌控感的積極效果。
2. 把幸運符、御守放在身上，可以讓心靈放鬆，讓潛意識相信一切阻礙都已經不見，大腦透過某種儀式獲得一股「寧靜力量」，顯意識干涉程度降低，行為表現可以在最佳參數中呈現，考場就能發揮超過 100% 的實力。

第 5 篇

面試篇

25

善用對方的刻板印象

● 嚴肅自律的教授職業

我在資訊單位工作很多年，發現每個人的電腦螢幕桌面有不同的特性，有些人的電腦桌面資料擺放井然有序、很乾淨，沒什麼雜七雜八的檔案，但也有人則是桌面上滿滿的檔案與各種程式的連結，讓人看得頭昏眼花。

我偏好利用資料夾將資料分類擺放，因為大腦喜歡將資訊依據不同的類型來分類，這有助於資料處理的速度，但這種凡事井然有序的方式，容易在別人的心中產生「刻板印象」。

譬如說很多人都認為教授很嚴肅、自律，可是每個來上課的學員一看到我，內心都產生了不小的衝擊，因為與一般教授有下列不同的感覺。

項目	刻板印象	Dr. J
外表	老成、穿西裝	輕鬆、牛仔褲
親切度	高冷、距離感	會來打招呼、關心別人、沒有架子
年紀	白髮、鬍子	看起來很年輕
分數	-5 分	5 分

⬆ 刻板印象之落差感

第一眼看到我的人也許只打 5 分，5 分與滿分 10 分還是差很多，但如果原本的刻板印象是 -5 分，那可就不一樣了，從 -5 分到 5 分，整整有 10 分的距離，一樣可以產生滿分的效果，這就是「落差感效應」；換言之，一般教授的刻板印象很嚴肅、蒼

老、高冷，大腦的印象分數僅有 -5 分，只要表現出與傳統教授刻板印象差距很大的外表，就容易贏得別人心中的高分。

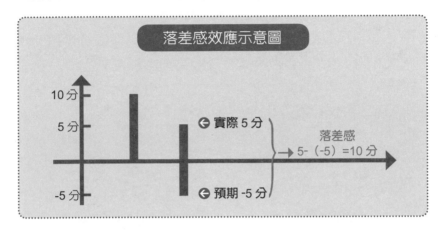

● 男人聰明、女人善良

很多人都有刻板印象。根據 2022 年世界經濟論壇公布的性別差異指數中，日本於 146 國中排名第 116 位，排名相當後面；京都大學與大阪大學等數間學校合作，針對性別差異看法進行研究，實驗以日本國內 4 歲至 7 歲孩童共 565 人為研究對象，以「溫柔的人」、「聰明的人」為主題進行提問 [27]。

實驗過程中，研究者讓參與實驗的孩童看一張有 4 個人的圖片，並問「公司中有一個員工特別聰明，請問是哪一個人呢」等方法實驗。研究結果指出，4 歲孩子沒有覺得哪個性別特別聰明，6 歲時出現分歧、7 歲孩子明顯認為男性等於聰明形象，而 4 歲到 7 歲的小孩子皆大多認為女性等於溫柔形象。

此一「男人聰明、女人善良」的刻板印象可能會造成惡性循環，包括女性會自動迴避數學和科學等，可能會造成父母或老師

不經意說出造成刻板印象的話，並影響與孩子的互動等等。這一個實驗也與我們的經驗相符，從小就覺得男生數理比較強，女孩子文科表現比較好，所以考上理工科的大部分都是男生，女生比例就比較少，但真的是如此嗎？人對於一些事情會有既定的刻板印象，我們可以善用刻板印象來創造落差感，譬如說大家覺得女生很容易迷路，突然看到一位計程車司機是女性駕駛，就會覺得蠻有趣的。

● 挖點地基創造落差感

　　舉個例子，當你周遭的競爭者都是台大、政大的高材生，同樣是台大、政大的你就難以凸顯出學歷上的優越，想要比別人高一點暫時是不可能。那怎麼辦？「挖點地基」就可以了。

挖點地基是什麼意思？

　　很簡單，建中、北一女就讀台大、政大並不稀奇，如果自己是一般民眾評價較低的學校畢業，居然還可以考上台大、政大，那就稀奇了；換言之，就是強調自己並非建中、北一女，甚至僅有高職生的背景，人生歷經一番寒徹骨，吃了不知道多少的苦，一路艱苦奮鬥才唸到台大、政大的頂尖學府。

　　很多朋友在申請學校、找工作時，都要寫上一篇自傳，可是面對著平淡無奇的人生，沒有名校的光環、沒有顯赫的工作資歷，只好跑來找我看看有沒有解決方案，是否得以起死回生？

　　一般來說，大部分朋友沒有名校加持，在公司行號也僅是小小職員，該如何凸顯出特殊之處，這確實很讓人傷腦筋。就我個人多年的經驗，大概可以從幾個地方著手。（如右圖）

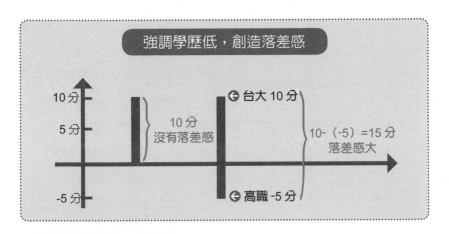

沒有名校，只是普通大學

例如只有私立 XX 大學而非台大，如果你是要報考研究所，某些教授確實會有名校情結，非台大、政大等排名較為前面的名校學生不收；但也不是每一位教授都有名校情結，還是有機會可以拚一下，這時候可以找看看是否高中的學歷比較差，或者是原本成績很差，但是突然奮發圖強，終於突破重圍、考上了大學，找到落差，就有機會讓自己一般的學歷被凸顯出來。

一般職員，而非主管

我曾經在某間新竹地區的法律研究所舉辦的研討會中，當場聽到該研究所的所長口頭上邀請一些法官、律師、法務長來報考該所的碩博士班；假設你只是一位助理、小職員，所長可能連正眼都不瞧你一眼，根本不可能有機會被徵詢，這時候就必須找出自己工作的特殊性來創造落差感。

要怎麼找出工作內容特殊性？曾經有一位四等警察特考、才任職沒多久的員警想要報考某間中字輩大學的法律研究所，

職場上只是小蘿蔔頭一個，這時候可以強調其工作內容的特殊性，譬如說正研究數位科技領域，實務上也面臨許多科技偵查、數位採證的情況，而目前警察機關非常欠缺相關人才，科技法律領域也具有人才迫切之需求。從此一角度切入，可以解決職務上沒有特殊性的弱點，將自己工作的特點與未來趨勢結合後，就可以凸顯出來，而這位員警也順利考上了該研究所。

「挖點地基」可以增加你與其他人評價上的「落差感」，增加你的總分。

● 名校情結的誤解

以前我在唸台北大學資管所的時候，有一位同學是資訊高手，對於這樣子的高手而言，來學校唸碩士實在沒啥意義，於是我私底下問了他為何來進修？他回答說因為公司內部規定，要有碩士學位才可以升主管職。看來這家公司的觀念還蠻傳統的，符合傳統社會觀念中「好成績、好學校、好工作」概念的延伸。

我後來在研究少子化議題時找了一些數據，推論有可能來自於「萬般皆下品，唯有讀書高」：能唸大學就不要只唸高中；可以撈個碩士就不要只有學士畢業；可以有個博士，碩士真的不算什麼，最好還是個洋墨水的，否則即使是本土最頂尖的台灣大學畢業，找個教職還是會被歧視。因為男性女性都跑去唸書了，就會影響進入職場以及成家立業的時間；再加上人們喜歡自主性的生活，不喜歡受到家庭生活的羈絆，也排斥高齡生育。早期農業時代，女性 15 歲一路生到 50 歲，到現代女性 30 歲生到 40 歲就幾乎很少人想生，超過 45 歲幾乎就不見有女性想要生育[28]。

28 〈你在家中也沒有兄弟姊妹的陪伴？少子化原因其實不僅僅是不想生而已！（上）〉，https://group. dailyview.tw/Article/detail/95。

　　國人「萬般皆下品，唯有讀書高」的觀念根深蒂固，不僅可能影響了少子化，在求學、職場上也成為很高的門檻，只是「名校情結」的現象存在於每個企業中嗎？像我個人就沒有名校情結，好學校不代表好的表現，許多大型企業的老闆不是只有國小畢業嗎？難道他們的表現就不好嗎？因此我做出了一個假設：「名校情結並非當然存在在每一間企業，只存在符合特定條件的企業」。

　　為了驗證這一個假設，我與一些朋友們針對上市櫃企業查閱了公司年報中管理階層的學歷，發現一個有趣的現象──「物以類聚」──像是鴻海公司前董事長郭台銘先生，僅僅只有中國海專畢業，但該公司 2021 年的年報，現任董事長兼總經理劉揚偉先生，南加州大學碩士（交通大學學士）學歷算不錯；雖然董事長已經不是郭台銘，但其他主要部門的最高主管，學歷還算是普普通通。

職稱	姓名	學歷
董事	郭台銘	中國海專
董事長兼總經理	劉揚偉	南加州大學碩士（交通大學學士）
事業群總經理	王城陽	University of Tennessee，MBA
事業群總經理	姜志雄	逢甲大學
事業群總經理	林忠正	明新科技大學機械系
事業群總經理	褚承慶	成功大學機械學碩士
會計部門主管	周宗愷	Long Island University，會計學碩士
財務部門主管	黃德才	交通大學

⬆ 鴻海公司一級主管之學歷

相較於鴻海公司，台積電公司前任董事長張忠謀，史丹佛大學電機博士畢業，其所帶領的台積電公司（2330）團隊學歷就相當顯赫；依據該公司 110 年的年報所提供的主管資料中，現任總裁魏哲家，美國耶魯大學電機工程博士，其餘僅有一位外國人（美國西點軍校工程學士）、資訊技術及資材暨風險管理資深副總經理林錦坤（國立彰化師範大學工業教育系學士），其他幾乎都是海外名校博、碩士，包括魏哲家的 29 人中，博士就有 18 位，高達 62%。

　　總之，企業有沒有名校情結？依據我大量整理上市櫃企業資料，初步可以推定，企業主如果是名校背景，其高階管理階層就會有比較高比例是名校；反之，如果企業主是一般學校出身，其高階管理階層是名校的比例就會降低。有關於這種現象，可以給剛畢業的學生一些建議（如右圖）。

29 Joseph altonji 與 Charles pierret 於 2001 年所做的研究「Employer Learning and Statistical Discrimination」。Paul Oyer 所著的《交友網站學到的 10 堂經濟學》也有提到相關內容，第 126-127 頁。國內也有論文研究認為，公立大學、私立大學、公立技職校院及私立技職校院四種分流體制中，私立技職校院畢業後薪資偏低，但差異金額逐年縮小。請參照陳依婷，大學畢業生初入勞動市場薪資差異之研究－一般大學與技職校院之比較，國立臺北科技大學技術及職業教育研究所碩士，2012 年。

30 A Empirical Guide to Hiring Assistant Professors in Economics，http://www.accessecon.com/pubs/VUECON/VUECON-13-00009.pdf，或參考 Malcolm Gladwell，《以小勝大》，第 136-140 頁。

1. 如果你的學校非名校，想要應徵老闆身邊的人，建議找老闆非名校的企業，成功的機率會比較高。交往對象的父母如果是名校畢業，也要觀察一下有無名校情結。

2. 如果你想要去報考名校研究所，而有資料審查或口試等關卡，先打聽該校老師有沒有名校情結，以免現場可能會面臨被眼神羞辱的機會，在心理上要先有所準備。

3. 研究資料顯示，隨著時間過去，教育背景在薪資方面的指標性會隨著時間而逐漸淡化，其他指標像是能力指標與薪資水準的關係卻會愈來愈緊密 [29]。

4. 寧為雞首、不為牛尾，無論是找人才、選配偶，真的名校頂尖可能早就被搶光了，那要選擇名校中的「次頂尖」嗎？並不建議，因為次頂尖在眾多高手環繞之下，久了會喪失信心，表現未必會好。乾脆選擇非名校的頂尖成員，因為依照學者的研究，非名校頂尖的CP值應該會比較高 [30]。

重點摘要
1. 如果你不是頂尖優秀，可以「挖點地基」找出自己的落差感，為自己加點分數。
2. 企業主未必會有名校情結，反而會出現「物以類聚」的現象，名校找名校、非名校找非名校。
3. 與其在頂尖中出不了頭，在非頂尖中出頭也是一種不錯的選擇方案。

26

面試：動作改變影響體內化學物質的分泌

● 動作是否會影響心理因素呢？

曾任哈佛大學的知名社會心理學家 Amy Cuddy 教授向來對於動物行為舉止有所研究，譬如她在 TED 演說中舉了一個例子，研究發現無論正常人或視障者在跑步競賽通過終點後，都會舉起雙手 V 型振臂高舉，然後享受成功的快感；反之，人在痛苦的時候會蜷縮在一起，不想與他人碰觸，然後獨自體會心靈上的拷打[31]。

不同的身體動作也會影響到兩種荷爾蒙的變化，其一是支配性荷爾蒙的睪固酮，另外一個則是壓力荷爾蒙的腎上腺皮質醇。研究發現，對於靈長類的強勢男性，有大量的睪固酮和低量的腎上腺皮質醇，強勢與高效能的領袖人物亦同，睪固酮代表統治的概念，但強勢人物也要善於處理壓力，所以如果你今天會面的是一位兩者皆高的人，那可能會遇到一個很強勢人物且壓力反應過度，對於壓力無法輕鬆以對者，我相信這並不是大家想見到的情況。

研究也發現，靈長類動物如果要奪取領袖的位子，在奪權的前幾天，睪固酮的數量會提高，腎上腺皮質醇會降低；所以我們在轉換角色的時候，從卑微的跟從者到率領眾人的領袖，身上的化學物質會產生變化，以因應角色的改變。

● 超人的手叉腰動作

基於上述發現，Amy Cuddy 教授提出了一些「小動作改變自

31 Amy Cuddy，〈肢體語言塑造你自己〉，https://youtu.be/v_vkoz1_nd8。
32 Preliminaries to free throw shooting: Superstitious behavior?https://psycnet.apa.org/

己」的建議，譬如說雙手叉腰兩分鐘假裝自己是超人，然後會感覺到自己充滿力量。還有哪些屬於有權勢的動作呢？譬如說單手握拳上舉、雙手像是衝越終點線高舉，或者是在職場上、新聞影片中觀察有權勢者擺弄權勢時的行為。

　　所以，在面試前可以到隱密角落或廁所擺一個狂放的姿勢1、2分鐘，當然旁邊不要有人，以免被別人認為是神經病而感到尷尬；透過一定時間的姿勢動作，讓身體內部相關荷爾蒙調整到最佳狀況，就好比你是一隻蓄積已久的猩猩，準備把那隻狂妄已久的猩猩王打下神壇，狂放的姿態會刺激你的內在荷爾蒙分泌，讓你臨場表現更好；反之，切莫將自己縮起來、雙腳交叉，不要在面試房外的座位無奈地坐著，那會影響等下進去面試時的自信心與表現。

● 鈴木一朗的棒指投手

　　我很喜歡的一位日本棒球選手，鈴木一朗，其招牌動作是在打擊前，將持棒的右手平舉，指向投手丘上的投手，許多球迷超熱愛這個姿勢，似乎只要做出這個姿勢之後，就化身成鈴木一朗一樣，能在棒球場上、自己的人生中叱吒風雲。為什麼鈴木一朗要在打擊前做出這個動作呢？有研究找來大學與高中的籃球員，分成兩組進行罰球比賽，有預備動作的運動員比沒有預備動作的運動員，得分高出 7 分 [32]。

　　如同本書前文所提到的林書豪的「幸運儀式」，鈴木一朗「持棒指向投手丘」的動作屬於強勢性的動作，希望一上場就震懾敵人，但是時間短到還無法改變自己的荷爾蒙，這時候就如同

催眠自己的預設動作一樣，只要做出那個動作，一個響指，一樣可以達成類似的體內化學物質變化的效果。

　　這一類的習慣性動作之所以會表現得比沒有習慣性動作的運動員好，主要是提升自己的自信心，讓自己釋放相關荷爾蒙，或者是讓自己認為已經進入了最佳狀態，降低焦慮以避免不穩定的情況發生。

重點摘要

1. 不同的身體動作也會影響到兩種賀爾蒙的變化，其一是支配性荷爾蒙的睪固酮，另外一個則是壓力賀爾蒙的腎上腺皮質醇。
2. 面試之前切莫將自己縮起來、雙腳交叉，不要僅只是無奈地坐著等待，那會影響面試時的自信心與表現。
3. 找出專屬於自己的類似於林書豪的「幸運儀式」、鈴木一朗「持棒指向投手丘」的幸運動作。

27

研究所口試

● 面試會問什麼問題?

教授,我下個禮拜要參加中央大學 XX 所的研究所口試,可能會問我什麼問題呢?

這個問題也不難回答,上網查看一下「研究所口試問題」,就可以查到一籮筐資料,不外乎:

◎ 介紹一下你自己?
◎ 為什麼要來本所?
◎ 以後研究方向為何?
◎ 你如何在工作與學業之間求得平衡?
◎ 請說明你的讀書計畫?

其他,也可能針對專業領域、時事意見問一下你的看法,或者是翻看你申請時的書面資料,看看研究計畫中有沒有什麼有趣的點,或者是實務經驗上與該研究所有沒有關聯性。你可以針對這些問題,找個人幫你反覆演練一下。

● 猜猜看有哪些教授會進行面試

雖然現在研究所口試時間大概不會超過 15 分鐘,若是報考人數增加,可能才 7 分鐘就結束了,這麼短的口試時間,大概資格審查的成績就幾乎決定你會不會考上,口試只是來看看你口條是否正常、有沒有怪異舉止。此外,現在少子化因素導致研究所考生減少,以及過去幾年大量招收在職專班、EMBA 專班,已

經有許多學生唸完研究所，招收學生的來源減少，使得考試的錄取率大幅度上升。

　　許多排名較為前面的學校、系所，錄取率還是很低，若是報考這些學校、系所，有可能你正踩在要上不上的那條界線，所以還是要下一點功夫。你可以連上該系所網站查詢可能口試委員的背景（通常是教授等級）、哪一個國家的留學背景，譬如說德日為主的法律系教授，就不要說出美國才是最棒的法律資訊來源，那可能會留下壞印象。

　　口試委員通常是教授等級，但也有可能教授人數不足，而由副教授、助理教授上陣進行口試，因此可以先檢視可能成為口試委員的研究領域，近期有沒有一些特殊的研究項目，因為口試委員可能會提出與其研究領域有關的問題，你不一定要能夠回答得很正確，但禮貌性地表示知道教授在這個領域上有著墨且近期有發表文章，口試成績當然就不會差。

● 研究計畫主題不要艱澀難懂

　　有些學校會要求提出研究計畫，主要是瞭解你的研究領域是否與該校有關係，該校教授能否勝任這方面的指導。有些同學很煩惱不知道該提什麼研究主題，可以就自己工作領域，連上 Google Scholar 網站查看相關關鍵字有哪些熱門的研究趨勢，譬如說在科技公司上班，可以提出數位貨幣、電動車等涉及到科技法律議題。

　　研究主題不需要太刁鑽，也不要冷門到看不懂在研究什麼，稍微熱門且推測是該校教授看得懂的範圍即可。我過去曾經以

數位鑑識為主題報考法律研究所，結果口試時發現口試委員的興趣不高，結果有兩次都沒能考上；後來經由某位老師的指點，把題目改成我覺得技術含金量較低的「廣告電子郵件」，這樣子在口試的過程中，如果針對研究計畫進行討論，大家也比較有討論與交流的議題。況且申請研究所提出的研究計畫，並不代表未來研究所論文就要寫這個主題，因此也不必擔心提出自己不擅長的研究計畫就被定性、綁死。

現在「少子化世代」已經逐漸侵蝕到大學與研究所，未來研究所的錄取率將會逐步攀高，到最後可能連國立大學都變成有錢就可以就讀；所以可以心情放輕鬆來準備研究所口試，抱持著樂觀的心態：「憑我的資歷，所提出的文件這麼完整，必能順利過關」。只要心情一放鬆，表現自然可以順暢與流利。

重點摘要

1. 上網查詢一下可能口試委員的背景、研究領域，知己知彼、百戰百勝。
2. 研究的主題不需要太刁鑽，也不要冷門到引不起口試委員對你申請的興趣。
3. 研究所錄取率愈來愈高，準備研究所口試，心情可以放輕鬆，抱持著樂觀的心態，表現自然可以順暢與流利。

後記

　　這一本書是繼 2013 年第一版《圖解法律記憶法》後，歷經十年，在 2023 年出版這一本更具有完整理論體系的學習策略。

　　法律或其他領域知識的學習並不是只有記憶法，而是必須建構邏輯與體系的架構，記憶法具備有畫龍點睛的功能，讓學習者可以建構出一套完整的法律體系之後，再透過記憶法讓自己熟記這一套知識體系。大腦是學習的工具，必須要理解大腦的運作才能有效地儲存所學的知識，如果無法善用這顆大腦，只會死背硬背，學習的效果非常差。

　　因此，開頭第一篇：「基本理論篇」，就從大腦的運作開始介紹，像是想要記憶抽象的文字數字，使用大腦中導航、空間的機制會記得更牢、更有效，這也就是市場上非常有名的「記憶宮殿」。除了記憶書本的內容之外，專注力也很重要，因此本書也介紹如何利用「制約反應」的大腦機制，讓大家能夠一個響指就可以進入「專注空靈」的狀態，還有一些大腦的盲點，像是如何善用「輕推理論」讓自己更有效率地達成學習的目的；本書也提到為什麼人們常會誤以為直覺是準確的，經過訓練的直覺才可以信賴，沒有經過訓練的直覺就沒那麼可靠。

　　第二篇：「分析與練習篇」，進入考試的道路時，有很多議題需要思考，像是為了國考到底要耗掉多少人生呢？年紀大

還可以考試嗎？要不要補習？本書從「沉沒成本」的角度讓大家能為自己的人生做好規劃，人生有很多路可以走，可千萬不要把自己的人生耗費在無窮盡的考試循環中；其次，像是利用數據統計提高抓考題的精準度，如何加強「文字具體化」的能力？如何知道閱卷者的角度修正自己準備考試的方向？該如何製作筆記？凡此種種，都是考生應該具備的基本功夫。

　　第三篇：「建構知識體系篇」，知識的學習很重視體系，有了體系可以分類清楚、降低學習的壓力，當學會的基本記憶法之後，該如何建構知識體系，如何導入「記憶宮殿」的路線概念，將樹狀圖、心智圖修正成為路線的概念，加上路標，讓你的知識體系就像是回家的道路一樣，想忘都忘不了。

　　第四篇：「應戰篇」、「面試篇」，如何利用行為經濟學提高考試的自信心？如何提高面試的臨場表現？還有如何利用本書提到的「文字具體化」的功夫，搭配上「版型文字串」的技巧，善用「第一印象法則」，讓過去寫不好作文的讀者，可以讓閱卷者給出一個水準以上的高分。

　　成功的方法可以複製在其他領域，這本書從理論到實作的各種建議不僅適用於法律學習，在許多領域中也可以套用；這本書從過去的圖解系列、記憶法為基礎，透過行為經濟學的研究分析，找出一些高效能的學習。這本書是我的重要里程碑，也希望能成為你的左膀右臂、考試成功的得力助手。

《圖解法學緒論》

法學緒論難讀易混淆
圖例解析一次就看懂

　　法學緒論難以拿高分最大的問題在於範圍太廣，憲法、行政法、民法、刑法這四科，就讓人望而生畏、頭暈目眩了。筆者將多年分析的資料整理起來，將歷年菁華考題與解析集結成冊，讓讀者能隨時獲得最新的考題資訊。

《圖解行政法》

行政法體系龐雜包羅萬象
圖解行政法一本融會貫通

　　本書以考試實務為出發點，以理解行政法的概念為目標。輔以淺顯易懂的解說與一看就懂的圖解，再加上耳熟能詳的實例解說，讓你一次看懂法條間的細微差異。使你實力加分，降低考試運氣的比重，那麼考上的機會就更高了。

《圖解憲法》

憲法理論綿密複雜難懂
圖例解題讓你即學即用

　　反省傳統教科書與考試用書的缺點，將近年重要的憲法考題彙整，找出考試趨勢，再循著這條趨勢的脈絡，參酌憲法的基本架構，堆疊出最適合學習的憲法大綱，透過網路建置一套完整的資料增補平台，成為全面性的數位學習工具。

最深入淺出的國考用書

《圖解民法》

民法千百條難記易混淆
分類圖解後馬上全記牢

本書以考試實務為出發點，由時間的安排、準備，到民法的體系與記憶技巧。並輔以淺顯易懂的解說與一看就懂的圖解，再加上耳熟能詳的實例解說，讓你一次看懂法條間的細微差異。

《圖解刑法》

誰說刑法難讀不易瞭解？
圖解刑法讓你一看就懂！

本書以圖像式的閱讀，有趣的經典實際案例，配合輕鬆易懂的解說，以及近年來的國家考試題目，讓讀者可將刑法的基本觀念印入腦海中。還可以強化個人學習的效率，抓準出題的方向。

《圖解刑事訴訟法》

刑事訴訟法程序易混淆
圖解案例讓你一次就懂

競爭激烈的國家考試，每一分都很重要，不但要拼運氣，更要拼實力。如果你是刑事訴訟法的入門學習者，本書的圖像式記憶，將可有效且快速地提高你的實力，考上的機率也就更高了。

《圖解國文》

典籍一把抓、作文隨手寫
輕鬆掌握國考方向與概念

國文，是一切國家考試的基礎。習慣文言文的用語與用法，對題目迎刃而解的機率會提高很多，本書整理了古文名篇，以插圖方式生動地加深讀者印象，熟讀本書可讓你快速地掌握考試重點。

《刑事訴訟》——

　　刑事訴訟法並不是討論特定行為是否成立刑法罪名的法律，主要是建立一套保障人權、追求正義的調查、審判程序。 而「第一次打官司就 OK ！」系列，並不深究學說上的理論，旨在如何讓讀者透過圖解的方式，快速且深入理解刑事訴訟法的程序與概念。

《圖解數位證據》—

讓法律人能輕鬆學習
數位證據的攻防策略

　　數位證據與電腦鑑識領域一直未獲國內司法機關重視，主因在於法律人普遍不瞭解，導致實務上欠缺審理能力。藉由本書能讓法律人迅速瞭解數位證據問題的癥結所在，以利法庭攻防。

《圖解車禍資訊站》—

車禍糾紛層出不窮！保險有用嗎？國家賠償如何申請？

　　作者以輕鬆的筆調，導引讀者學習車禍處理的基本觀念，並穿插許多案例，讓讀者從案例中，瞭解車禍處理的最佳策略。也運用大量的圖、表、訴狀範例，逐一解決問題。

《圖解不動產買賣》—

買房子一定要知道的基本常識！一看就懂的工具書！

　　多數的購屋者因為資訊的不透明，以及房地產業者拖延了許多重要法律的制定，導致購屋者成為待宰羔羊。作者希望本書能讓購屋者照著書中的提示，在購屋過程中瞭解自己在法律架構下應有的權利。

最輕鬆易讀的法律書籍

《圖解法律記憶法》

這是第一本專為法律人而寫的記憶法書籍！

　　記憶，不是記憶，而是創意。記憶法主要是以創意、想像力為基礎，在大腦產生神奇的刻印功效。透過記憶法的介紹，讓大多數的考生不要再花費過多的時間在記憶法條上，而是運用這些方法到考試科目，是筆者希望能夠完成的目標。

《圖解民事訴訟法》

本書透過統整、精要但淺白的圖像式閱讀，有效率地全盤瞭解訴訟程序！

　　民法與民事訴訟法，兩者一為實體法，一為程序法。換個概念舉例，唱歌比賽中以歌聲的好壞決定優勝劣敗，這就如同民法決定當事人間的實體法律關係；而民事訴訟法就好比競賽中的規則、評判準則。

《圖解公司法》

透過圖解和實例，強化個人學習效率！

　　在國家考試中，公司法常常是讓讀者感到困擾的一科，有許多讀者反應不知公司法這一科該怎麼讀？作者投入圖解書籍已多年，清楚瞭解法律初學者看到艱澀聱牙的法律條文時，往往難以立即進入狀況，得耗費一番心力才能抓住法條重點，本書跳脫傳統的讀書方法，讓你更有效率地全盤瞭解公司法！

《圖解失敗的科學》

失敗 ≠ 無用；失敗 ≠ 魯蛇！
學習解析失敗，開啓事業巔峰。

　　曾任日本福島核電廠事故調查委員會委員長的作者，集結多年學術研究與實務輔導經驗，教你從中發現失敗的規則性，以及其中所蘊藏的契機，學習善用失敗學，不論企業營運或個人發展，皆能掌握先機、逆轉勝！

《圖解理財幼幼班 慢賺的修練》

魔鬼不只在細節裡，更在你的大腦裡；
從心理學、腦科學的角度切入，
抽絲剝繭找出最佳投資標的。

　　作者運用多年教授理財課程之經驗，點出初學者的投資理財盲點，從法律層面、心理學、腦科學角度切入，教你培養自己投資的眼光，找出理財的陷阱，打造財富自由的人生。

《圖解記憶法 給大人的記憶術》

誰說年紀越大，記憶力就越差？
日本大學聯考之神特別傳授的大腦
回春術！

　　不用羨慕別人的記憶力好，只要掌握大腦各區的喜好與特性，就能輕鬆記憶。本書教你透過訓練，學習記憶的 3 步驟、10 個提高記憶效率的基本原則，聰明活化大腦，破解記憶盲點，擺脫健忘毛病。

《圖解魅力學
人際吸引法則》

好人緣不是天生,善用技巧,就能成為魅力高手!

　　從系統一(感性)與系統二(理性)觀點出發,瞭解大腦思考模式和行為心理學,不只可以運用在人際關係,市場行銷上更是隨處可見,運用這些行銷手法,就能建立自我品牌形象,成功推銷自己、打造好人緣!

《圖解文具的科學
書桌上的高科技》

給追求知識與品味生活的文具迷,一本不可不知的文具科學圖解書。

　　文具產業可說是科學技術發展的博物館,集結了現代科學如數學、化學、光學等技術之精華,本書挑選常用的代表性文具,解析其發展歷程與科學秘密,透過本書上一堂令人驚嘆的文具科學課!

《圖解屁的成分──3小時
瞭解人體結構與器官運作》

瞭解人體的奧妙,
自己的身體自己保養。

　　醫學相關知識在一般人的印象中是難懂的,作者用淺顯易懂的例子搭配圖解,從功能性著手介紹人體組織架構,從最小的細胞到全身的器官、骨骼;從外在皮膚到內部器官運作,藉此掌握養生秘笈。

《圖解二十一世紀資本論
皮凱提觀點完全解說》

皮凱提經濟分析的濃縮精華書!

　　「二十一世紀資本論」究竟在談論什麼?為什麼能風靡全球?專為那些沒時間看或看不懂的讀者,統整5個章節、80項主題,從讀者最常遇到的問題點切入,配合圖解、深入淺出地解說皮凱提的經濟觀點。

國家圖書館出版品預行編目資料

圖解考試的科學：高效率學習的關鍵
作　　者：錢世傑
臺　北　市：十力文化 2023.08
規　　格：256 頁；14.8×21.0 公分
I S B N：978-626-96930-9-2 (平裝)

1.學習方法　2.讀書法　3.法律
521.1　　　　　　　　　　　　112009422

國 考 館　S2303

圖解考試的科學／高效率學習的關鍵

作　　者	錢世傑
責任編輯	吳玉雯
封面設計	劉詠倫
美術編輯	林子雁
出 版 者	十力文化出版有限公司
發 行 人	劉叔宙
公司地址	11675 台北市文山區萬隆街45-2號
聯絡地址	11699 台北郵政93-357信箱
劃撥帳號	50073947
電　　話	（02）2935-2758
電子郵件	omnibooks.co@gmail.com

ISBN　978-626-96930-9-2

出版日期　第一版第一刷　2023 年 8 月

定　價　480元

十力文化出版有限公司　企劃部收

地址：11699 台北郵政 93-357 號信箱

傳真：（02）2935-2758

E-mail：omnibooks.co@gmail.com

讀　者　回　函

　　無論你是誰，都感謝你購買本公司的書籍，如果你能再提供一點點資料和建議，我們不但可以做得更好，而且也不會忘記你的寶貴想法喲！

姓名／　　　　　　　　　　性別／□女□男　　生日／　　　年　　　月　　　日
聯絡地址／　　　　　　　　　　　　　　　運絡電話／
電子郵件／

職業／□學生　　　　□教師　　　　□內勤職員　　□家庭主婦　　□家庭主夫
　　　□在家上班族　□企業主管　　□負責人　　　□服務業　　　□製造業
　　　□醫療護理　　□軍警　　　　□資訊業　　　□業務銷售　　□以上皆是
　　　□以上皆非　　□請你猜猜看
　　　□其他：

你為何知道這本書以及它是如何到你手上的？
　　請先填書名：
　　□逛書店看到　　□廣播有介紹　　□聽到別人說　　□書店海報推薦
　　□出版社推銷　　□網路書店有打折　□專程去買的　　□朋友送的　　□撿到的

你為什麼買這本書？
　　□超便宜　　　□贈品很不錯　□我是有為青年　□我熱愛知識　□內容好感人
　　□作者我認識　□我家就是圖書館　□以上皆是　　□以上皆非
　　其他好理由：

哪類書籍你買的機率最高？
　　□哲學　　　　□心理學　　　□語言學　　　□分類學　　　□行為學
　　□宗教　　　　□法律　　　　□人際關係　　□自我成長　　□靈修
　　□型態學　　　□大眾文學　　□小眾文學　　□財務管理　　□求職
　　□計量分析　　□資訊　　　　□流行雜誌　　□運動　　　　□原住民
　　□散文　　　　□政府公報　　□名人傳記　　□奇聞逸事　　□把哥把妹
　　□醫療保健　　□標本製作　　□小動物飼養　□和賺錢有關　□和花錢有關
　　□自然生態　　□地理天文　　□有圖有文　　□真人真事
　　請你自己寫：